Inhalt

W0064813

Gut reicht völlig

Selbstbewusste Wege aus der Perfektionsfalle

Bettina Stackelberg

2. Auflage

C.H.BECK

So nutzen Sie dieses Buch

Die folgenden Elemente erleichtern Ihnen die Orientierung im Buch:

Beispiele und Übungen

In diesem Buch finden Sie zahlreiche Beispiele, die die geschilderten Sachverhalte veranschaulichen, sowie Übungen, die Ihnen helfen, nicht in die Perfektionsfalle zu geraten.

Definitionen

Hier werden Begriffe kurz und prägnant erläutert.

Die Merkkästen enthalten Empfehlungen und hilfreiche Tipps.

Auf den Punkt gebracht

Am Ende jedes Kapitels finden Sie eine kurze Zusammenfassung des behandelten Themas.

Vorwort

Warum, zum Teufel, tun wir uns das eigentlich immer wieder an!?

Das frage ich Sie, liebe Leser … und das frage ich mich selbst. „Eigentlich" wissen wir es ja besser. **Eigentlich** wissen wir, dass die Topmodels auf dem Cover durch den Photoshop gelaufen und geglättet sind. **Eigentlich** ist uns klar, dass wir gut erzogene, wache und kluge Kinder haben. **Eigentlich** finden wir es ja sehr in Ordnung, dass wir unseren 20-Stunden-Job neben der Familie gut meistern. **Eigentlich** kennen wir ja unseren Chef und wissen, dass er wieder einmal schlicht Unmögliches verlangt.

Und was tun wir stattdessen?

Wir mäkeln ständig an unserem Spiegelbild herum und vergleichen uns doch immer wieder mit Heidi Klum. Wir lassen uns doch immer wieder auf den dämlichen Wettbewerb zwischen Eltern ein – „Mein Kind kann schon laufen/sprechen/Chinesisch/Spitzentanz … und deines?".

Wir vergleichen unsere Arbeitsleistung doch wieder mit der Kollegin, die Vollzeit arbeitet, und verlangen von uns selbst, dass wir doch bitte auch noch Akten mit nach Hause nehmen solten. Und wir setzen uns doch wieder zur x-ten Nachtschicht hin, um die Präsentation fürs Meeting Chefwunschgemäß fertigzustellen.

Es gibt innere Sätze, die da zum Beispiel lauten:

- Ich muss immer alles richtig machen. Sonst bin ich ein Versager!

- Durchschnitt ist für mich ein Schimpfwort.

- Wenn ich nicht perfekt bin, lehnen mich die anderen ab.

- Es ist unverzeihlich, wenn mir etwas misslingt.

- Anerkennung (und Liebe) muss ich mir erst einmal verdienen.

Na!? Ertappt? Kommt Ihnen das bekannt vor? Mir schon. Denn auch ich bin nicht so perfekt, dass mir Perfektionismus nie passieren könnte. Nein, auch ich tappe immer mal wieder in die Falle hinein – aber inzwischen nur noch sehr selten. Weil ich mir viele Gedanken dazu gemacht und mich beobachtet und etliches geändert habe, weil ich sehr viele Coachingklienten mit diesem Thema hatte und habe – und deshalb jetzt ein bisschen schlauer bin. Und darum geht es in diesem Buch:

- Kommen Sie sich und Ihrem Perfektionismus auf die Spur!

- Verstehen Sie, was dahintersteckt und warum Perfektionismus eigentlich immer ziemlich dämlich ist.

- Finden Sie das richtige Maß zwischen hohem Anspruch und Perfektionismus!

- Lernen Sie, andere Perfektionisten besser zu verstehen.

- Üben Sie mit vielen praktischen Tipps.

- Finden Sie gute Alternativen.

Ein bunter, großer Blumenstrauß – finden Sie Ihre Lieblingsblumen und picken sie sich heraus. Machen Sie kleine Schritte und haben Sie jetzt bloß nicht den Ehrgeiz, ganz hundertprozentig perfekt gegen Ihren Perfektionismus anzugehen. Lieber kleine Schritte, hin und wieder einen Erfolg und der dann nachhaltig als Schnellschüsse und danach wieder Frust. Der Weg raus aus der Perfektionsfalle ist ein Prozess, eine Mischung aus hinsehen, analysieren, kapieren, anders denken, weniger Denken, sich anders verhalten, überprüfen, nachjustieren und so weiter.

Haben Sie also bitte Geduld mit sich, freuen Sie sich über kleine Erfolge. Ein Erfolg ist es schon, wenn Sie die eine oder andere Situation ruhigen Blutes nicht mehr ganz so oberperfekt gemeistert haben und mit sich trotzdem zufrieden und im Reinen sind. Ein großer Erfolg ist jedes „Nein!", das Sie lernen, um sich abzugrenzen und zu schützen. Oder wenn Sie endlich mal in den Spiegel gucken, lächeln und sagen: „Passt schon! Gefällt mir."

Viel Freude am erfolgreichen Aus-der-Perfektionsfalle-Hüpfen!

P. S.: Und übrigens: Da mir die Optik des Schriftbildes auch wichtig ist, verwende ich in diesem Buch lediglich die männliche Form, die Frauen sind immer natürlich genauso angesprochen. Oder mögen Sie noch dieses unsägliche große I mitten im Wort, liebe LeserInnen!?

Update zur Neuauflage 2017: Inzwischen war ich viel unterwegs in Sachen „Gut reicht völlig" – habe Interviews gegeben, Vorträge darüber gehalten und mit vielen Menschen darüber gesprochen.

Unter anderem ging es um dieses Thema auch bei einem großen Event in Wien. Nach meinem Vortrag dort war ich stundenlang in Gesprächen mit Zuhörern vertieft.

Besonders berührend jedoch war die Begegnung mit einer Frau ganz am Ende der Veranstaltung:

Sie kam auf mich zu (hinterher wurde mir erzählt, dass sie die Geschäftsführerin eines mittelständischen Unternehmens sei), hatte Tränen in den Augen, nahm meine Hand und sagte:

„Frau Stackelberg, Sie ahnen gar nicht, was Sie mir Wertvolles mit Ihren Impulsen gegeben haben! Beim Zuhören schon musste ich mit den Tränen kämpfen und spürte förmlich, wie ich ausatmete. Danke! Ich werde noch viel an Sie denken."

Ja, solche Begegnungen sind echte Geschenke für mich und eine wundervolle Bestätigung dafür, wie wichtig dieses Thema ist.

Liebe Leser, wenn ich auch Ihnen einen Aha-Moment schenken konnte mit meinem Buch und Sie mir davon erzählen wollen: Ich freue mich auf Ihre Mails!

Perfektionismus und Selbstbewusst-sein – wie passt das zusammen?

Was ist für Sie Selbstbewusstsein? Die meisten verstehen unter einem großen Selbstbewusstsein in der Tat etwas, das an Perfektionismus nah heranreicht. Der Selbstbewusste ist der sehr Erfolgreiche, Souveräne, die Selbstbewusste ist die Schönste und Beliebteste. Noch selbstbewusster, noch erfolgreicher, noch beliebter. Diese Sichtweise von Selbstbewusstsein geht Hand in Hand mit Perfektionismus, sie bedingen sich quasi gegenseitig.

Wenn Sie sich jedoch das Wort einmal im eigentlichen Wortsinn ansehen, bedeutet Selbstbewusstsein etwas ziemlich anderes: Sich seiner selbst bewusst sein. Wenn ich mir meiner selbst bewusst bin, dann kenne ich mich aus mit mir: Ich kenne meine Stärken und ich kenne meine Schwächen. Ich bin im Frieden mit mir. Ich entwickle mich gerne weiter, lerne und arbeite an mir, muss jedoch mir und der Welt nichts mehr beweisen.

Diese Sichtweise von Selbstbewusstsein passt also nicht wirklich mit Perfektionismus zusammen. Wie meine ich das?

Wenn ich selbstbewusst, also mir meiner selbst bewusst bin, dann suche ich nicht das Perfekte, sondern das für mich Richtige. Dann möchte ich nicht der Beste sein, sondern mein Bestes geben. Ich selbst setze dafür die Maßstäbe und lasse sie nicht von außen bestimmen. Was kann das konkret bedeuten?

Yoga – Hochleistungssport oder Achtsamkeitsübung?

Ich mache seit einigen Jahren Yoga – der eine oder die andere von Ihnen vielleicht auch, gerade in den letzten Jahren boomt Yoga sehr. Ich war in verschiedenen Kursen, hatte unterschiedliche Lehrer und bemerke immer wieder, wie unterschiedlich man Yoga sehen und leben kann.

Wie in anderen Sportarten (wenn man Yoga überhaupt Sport nennen will, ist es doch so viel mehr als reine Körperertüchtigung) gibt es auch hier die scheinbar Perfekten. Die Lehrer, die ultrabeweglich sind, die Haltungen wunderschön und kraftvoll ausüben können und dabei leicht und mühelos wirken. Die Perfektionisten unter den Schülern möchten möglichst an dieses Ideal herankommen, sie haben den Ehrgeiz, auch so kraftvoll, ästhetisch und leicht Yoga praktizieren zu können. Und dafür muss in ihrem Verständnis Yoga auch unbedingt ordentlich anstrengend sein – von nix kommt schließlich nix. Erfolg muss hart erarbeitet sein.

Deshalb gelingt es diesen Schülern auch nicht unbedingt, bei den Übungen die Augen kontemplativ geschlossen zu halten. Die Versuchung ist zu groß, hin und wieder zu schauen, wie es die anderen machen: Ob die Frau links neben mir tiefer in die Beuge kommt oder der Mann rechts neben mir eine geradere Kerze schafft.

Auch mir geht es zwischendurch immer mal wieder so, ich nehme mich da gar nicht aus. Ich möchte diese Sicht des Übens auch nicht abwerten – jeder wird schließlich nach seiner eigenen Fasson glücklich. Meines Erachtens ist Yoga, so praktiziert, einfach ziemlich anstrengend, körperlich wie emotional: Schließlich strebe ich das Perfekte an, orientiere mich an den Besten als Maßstab und treibe mich immer mehr und weiter an. Dabei gehe ich dann sicherlich das eine *oder andere Mal über meine Grenzen. Wenn ich mich aber im Yoga z. B. zu weit beuge, kann der Rücken nicht mehr gerade bleiben und wenn ich mich zu sehr anstrenge, fließt der Atem nicht mehr frei und leicht – beides ist dann wieder kontraproduktiv.*

Wenn ich wirklich selbstbewusst bin, dann sehe ich Yoga für mich anders: Ich setze mir meine eigenen Maßstäbe, bestimme selbst meine Grenzen und meinen Ehrgeiz und vor allem: Ich habe ein feines und klares Gespür dafür, was mir guttut und was nicht.

Es geht mir dann darum, die Vorwärtsbeuge möglichst gut zu machen – so, dass sie mich schon herausfordert, ich aber trotzdem noch frei atmen kann und entspannte Gesichtszüge habe. Mein Ziel ist dann nie und nimmer die Perfektion, sondern der für mich bestmögliche und besonders effektiv und angenehm wirkende Zustand. Und das bestimme ich ganz für mich allein, indem ich sehr achtsam in mich hineinhöre und mich spüre. Ich bin in meiner Mitte, ich bin mir meiner selbst bewusst und in diesem Augenblick auch völlig uninteressiert am außen. Mir ist es in diesem Moment egal, ob jemand den Schulterstand höher hinkriegt oder das Bein weiter streckt. Deshalb kann ich dann auch die Augen geschlossen halten und muss nicht nach links und rechts schielen.

Kraftvoll, stabil und gleichzeitig leicht – das ist Yoga.

Sie sehen an diesem Beispiel: Selbstbewusstsein und Perfektionismus passen nicht so recht zusammen.

Der Perfektionist fürchtet stets, nicht zu genügen – all die Mühe und Anstrengung reichen nicht wirklich, immer noch fehlt ein letztes Quäntchen. Wie der Hamster im Rad, der rennt und rennt und rennt.

Der Selbstbewusste hat durchaus auch Ehrgeiz, möchte besser werden und seine Grenzen verschieben. Er merkt allerdings auch, wann es – zumindest für den Augenblick – genug ist, wann er sein Bestes gegeben hat. Und er hat ein gesundes Gespür dafür, wann es auch mal wichtig ist, seine Grenzen zu akzeptieren und innezuhalten. Wann es wichtiger ist, auszuruhen und loszulassen.

Und noch etwas ist beim Selbstbewussten anders: Er steckt seinen Ehrgeiz in Dinge und Angelegenheiten, die er selbst wählt und bestimmt – die ihm nicht aufgezwungen werden.

Er schert sich wenig um Allgemeinplätze wie „Für Deine Karriere solltest Du unbedingt alle 2 Jahre das Unternehmen wechseln." Er ist sich seiner nämlich sicher und weiß: Wenn er genau dazu keine Lust hat, weil es ihm gerade besonders gut in seinem Unternehmen geht, wird er sicher auch auf vielen anderen Wegen Karriere machen können. Er wählt sich seine Ziele, seine Herausforderungen, seine Lernmöglichkeiten selbst. Die Vorteile dieses Vorgehens sind klar, nicht wahr? Freiwillig Gewähltes macht deutlich mehr Spaß – wenn es Spaß macht, bleibe ich konsequenter dran – wenn ich konsequenter dran bleibe, wird mein Tun erfolgreicher.

Außerdem kann der Selbstbewusste sehr souverän und gelassen damit umgehen, wenn andere Menschen ihm vorwerfen, keine Bestleistung abgeliefert zu haben oder nicht ehrgeizig genug zu sein.

Nicht die anderen sind sein Maß; er selbst setzt sich die Maßstäbe, nach denen er sich messen will.

Meines Erachtens hat Selbstbewusstsein auch viel mit Selbstfürsorge oder gar Selbstliebe zu tun. Wenn ich mir meiner selbst bewusst bin, dann gehe ich achtsam und liebevoll mit mir um.

Ja, es gibt diejenigen, die sich fürs Glücksgefühl im Sport quälen müssen, die sich den Erfolg, die Kondition oder Beweglichkeit „verdienen" müssen und das auch gerne mal mit Blut, Schweiß und Tränen. Sicherlich ist es wichtig, für sportlichen Erfolg seine Grenzen zu erweitern und zu überwinden. Sonst werde ich nicht schneller, springe nicht höher und werde nicht gelenkiger. Dann bleibe ich Kreisklasse und werde nicht olympiareif. Und dazu gehört natürlich jede Menge Schweiß und Anstrengung und auch oft genug Frustration.

Das möchte ich Ihnen – auch als Hobbysportler – gar nicht ausreden. Schwitzen Sie, strengen Sie sich an, quälen Sie sich auch mal. Aber seien Sie trotzdem stets sich Ihrer selbst bewusst! Entwickeln Sie ein Gefühl dafür, ob es anstrengend oder **zu** anstrengend ist. Ob es eine sinn volle, konstruktive Qual ist oder Sie beginnen, sich gegen sich selbst zu richten.

Wenn Sie wirklich selbstbewusst mit Ihrem Ehrgeiz umgehen, werden Sie selten dem Perfektionismus erliegen! Weil Sie selten der Gefahr erliegen, das absolut Beste, das Perfekte anzustreben, sondern lediglich das Optimum für sich selbst. Nicht gemessen an anderen, sondern gemessen an Ihren eigenen Bedürfnissen und Grenzen, in Ihrem eigenen Tempo. Wenn Sie wirklich selbstbewusst sind, dann haben Sie zwar einen gesunden Ehrgeiz und wollen Ihre Grenzen erweitern – ob im Beruf, im Sport oder in Ihrer persönlichen Entwicklung, Sie gehen aber stets aufmerksam und liebevoll mit sich um und achten Ihre Grenzen.

Perfektionismus – ausnahmsweise!

Auch wenn eigentlich das gesamte Buch ein flammendes Plädoyer gegen den Perfektionismus ist – wie immer gibt es natürlich auch hier Ausnahmen.

Wir haben ja mehrfach festgestellt, dass es auf die richtige Dosierung ankommt. Zu wenig perfektionistisch ist schnell nachlässig oder schlampig. Und zu viel davon ist anstrengend und macht schlussendlich krank.

Wenn Sie (sehr) hohe Ansprüche an sich selbst haben, macht das also nicht per se krank.

(Dys)funktionaler Perfektionismus

Für einen besonders hohen, jedoch noch gesunden Ehrgeiz gibt es in der Wissenschaft den Begriff des funktionalen Perfektionismus im Gegensatz zum dysfunktionalen Perfektionismus. Entscheidendes Zünglein an dieser Waage ist die Fähigkeit, mit Rückschlägen und Misserfolgen umgehen zu können.
Dem dysfunktionalen Perfektionisten fällt es sehr schwer, Misserfolge wegzustecken – er richtet sein Augenmerk stets auf das „Ich hab's nicht geschafft". Ihm macht die stetige Diskrepanz zwischen seinem Anspruch und der Realität enorm zu schaffen. Der funktionale, also „gesunde" Perfektionist lernt hingegen aus Rückschlägen und krempelt die Ärmel hoch fürs nächste Mal – er packt es wieder an. Und er hat glasklare, konkrete Ziele.

Nehmen wir zum Beispiel eine Berufsgruppe, die zwangsläufig einen gesunden Perfektionismus an den Tag legen muss: den Sternekoch.

Der Sternekoch – Beispiel für einen gesunden Perfektionisten

Sein Ziel ist klar: Er möchte den ersten oder einen weiteren Stern für sein Lokal erkochen oder er möchte seinen Stern behalten. Und da er sich in seinem Metier auskennt, weiß er ziemlich genau, was zu tun ist: Restaurant erweitern, neue Köche einstellen, Qualität der Lebensmittel überwachen, noch kreativere Ideen haben, für erstklassige Schulung seiner Mitarbeiter sorgen. Und das tut er bzw. er versucht es.

Wenn er es in diesem Jahr nicht schafft, seinen Stern zu halten, ist das für ihn mit Sicherheit ein herber Rückschlag und er wird sich bestimmt eine Zeitlang seine Wunden lecken. Es wird ihn – falls er im richtigen Maße perfektionistisch veranlagt ist – jedoch nicht sein gesamtes Selbstwertgefühl kosten, er wird sich nicht samt und sonders infrage stellen. Sondern er rappelt sich recht bald wieder auf und analysiert, woran es gelegen haben mag. Und dann greift er aufs Neue an. Denn er hat realistische Ansprüche an sein Können, keine überzogenen. Und daher weiß er: Der Stern ist möglich!

Erwartete Präzision: der Chirurg

Eine andere Berufsgruppe, von der wir alle ein hohes Maß an Perfektionismus erwarten: Der Chirurg. Auch wenn vielleicht die Narbe von der Blinddarm-OP ein wenig krumm sein darf – ansonsten ist hier große Präzision gefragt. Und diese Präzision steht außer Frage – hier also darf kein „ein bisschen weniger reicht auch schon" gelten, sondern es müssen 100 % sein.

Und hier wird meines Erachtens auch klar, dass ein extrem hoher Anspruch an die eigene Arbeit **allein** noch nicht unbedingt gefährlich ist. Ein Chirurg, ein Sternekoch oder auch der Pilot unseres Ferienfliegers – sie alle müssen tagtäglich bereit dazu sein, perfekt zu funktionieren, sie stellen extrem hohe Ansprüche an sich selbst – und sind sicher auch oft stark belastet. **Viele** Chirurgen schlittern sicher auch oft gefährlich nahe am Burn-out entlang – jedoch eben nicht automatisch **alle** Chirurgen.

Wir sehen also: Nicht der extrem hohe Anspruch allein ist das Risiko, es kommen noch sehr viele andere Aspekte dazu: Der schöne Begriff der **„Selbstwirksamkeitserwartung"**, der von dem Psychologen Albert Bandura in den 1970er-Jahren entwickelt wurde, spielt hier eine bedeutsame Rolle:

Selbstwirksamkeitserwartung

Wenn wir von unserer eigenen Kompetenz überzeugt sind, Handlungen erfolgreich durchzuführen, wissen wir um unsere Selbstwirksamkeit. Und Menschen, die dies tun, zeigen mehr Ausdauer, haben weniger Zweifel und sind letztendlich viel erfolgreicher als die Haderer und Zweifler und Infrage-Steller. Wenn also ein Sternekoch oder ein Chirurg an sich und seine Selbstwirksamkeit glaubt, hat er zwar perfektionistische Ansprüche an sich selbst. Sie schaden ihm aber nicht unbedingt.

In gewisser Weise hat der Sternekoch ja auch selbst entschieden, ob er ein gutbürgerliches Mittelklasselokal betreiben will oder eben einen Sterneschuppen. **Freiwilligkeit** ist ebenso ein wichtiger Faktor für den gesunden Umgang mit Perfektionismus.

Ein Sternekoch brennt in der Regel für seine Sache, sonst würde er sich diesen Stress nie und nimmer antun – unsägliche Arbeitszeiten, Hitze, Lärm, hoher finanzieller Einsatz mit dem damit verbundenen Risiko. Er lebt für seine Leidenschaft und er hat den Ehrgeiz, aus einem guten Restaurant einen Sternetempel zu machen. Keiner zwingt ihn dazu, sicher könnte er auch von einem „normalen" Lokal gut leben. Also: Er brennt für seine Sache, er macht es freiwillig und er traut es sich zu (ist von seiner Selbstwirksamkeit überzeugt). Alles Faktoren, die ihn nicht automatisch gefährden für ein Zuviel an Perfektionismus.

Die Wurzeln meines Perfektionismus

Meine Eltern und ihr Umgang mit Perfektionismus

Unser Hang zum Perfektionismus ist sicherlich nicht von jetzt auf gleich aufgetaucht, sondern hat sich schleichend und langsam manifestiert. Und wir bekommen ihn auch nicht so mir nichts, dir nichts aus den Knochen, nur weil wir merken, dass er uns nicht guttut. Er ist hartnäckig, tief verwurzelt und mit unserem gesamten Glaubenssystem verbunden.

Und wie alles, das derart tief verwurzelt ist in uns, finden wir auch die Wurzeln unseres Perfektionismus in unserer Kindheit – in dem, was unsere Eltern uns dazu mitgegeben haben.

Wie war das bei Ihnen damals?

Wenn Sie zurückdenken an Ihre Kindheit – nehmen Sie das Alter, in dem Sie sich spontan sehen: Wie sehr war da Perfektionismus ein Thema, was haben Ihre Eltern Ihnen vorgelebt und was haben sie Ihnen zu diesem Thema erzählt?

Übung: Die Wurzeln meines Perfektionismus

Nehmen Sie sich doch einmal ein wenig Zeit, sorgen Sie dafür, dass Sie ungestört sind und holen Sie sich Block und Stift. Und dann machen Sie sich ein paar Gedanken und Notizen z. B. zu diesen Fragen:

- *Wenn Sie sich in Gedanken in Ihrer Wohnung/Ihrem Haus damals einmal umsehen: Wie sah es dort aus?*
- *War es aufgeräumt? Vielleicht sogar picobello sauber, fast porentief rein und glänzend? Oder sah es „belebt"*

aus: Lagen Zeitungen herum, stand einmal ein benutztes Glas länger auf dem Couchtisch? Waren die Fenster und Türen streifenlos sauber oder sah man ab und zu auf dem Glas diverse Fingerabdrücke? Stand viel herum oder war alles verräumt?

- *Wie oft wirbelte Ihre Mutter mit dem Staubsauger und dem Spültuch umher? War Ihnen der Staubsauger ständig irgendwo zwischen den Füßen oder gab es einen festen Putztag in der Woche? Putzte auch Ihr Vater einmal oder auch eines der Kinder – oder hatten Sie eine Putzfrau?*

- *Wie ist der Satz „Räum bitte dein Zimmer auf!" für Sie gefärbt? Kam er ständig, oft oder selten? Wie genervt waren Sie darüber?*

- *Wie sahen die Sonntage bei Ihnen aus? Wurde da auch mal bis in die Puppen geschlafen oder im Bett „herumgesandelt"? Turnten Sie an verregneten Sonntagen den halben Tag im Schlafanzug herum? Und Ihre Eltern? Gab es da die bequeme Jogginghose sonntags oder sah Ihre Mutter/Ihr Vater auch dann wie aus dem Ei gepellt aus? Gab es einen sonntäglichen Trödel-Tagesrhythmus oder waren z. B. die Essenszeiten genauso strikt einzuhalten wie unter der Woche?*

Wo Sie Perfektionismus in Ihrer Kindheit vielleicht besonders stark eingeimpft bekommen haben, ist die Schule: Was war in Ihrem Elternhaus alles mit dem Thema „Leistung" verbunden?

- *Waren Sie ein guter Schüler? Fiel es Ihnen leicht, Leistung zu zeigen – hatten Sie Spaß in der Schule?*

- *Oder spürten Sie schnell den Druck, gute Noten liefern zu müssen – waren Sie schnell in Konkurrenz mit Ihren Mitschülern?*

- *Durfte es durchaus auch mal eine 2 oder 3 sein oder sollte im Zeugnis eigentlich immer die 1 stehen?*
- *Was haben Ihnen Ihre Eltern vermittelt zum Thema Schule, gute Noten und Lernen? Haben Sie einen spielerischen, freudvollen Umgang mit lebenslangem Lernen gelernt oder lief es eher hinaus auf „Erfolg muss hart erarbeitet werden"?*
- *Wenn Sie einmal ganz ehrlich in sich hineinhören: Wurden Sie „einfach so" von Ihren Eltern geliebt – einfach weil Sie da waren und per se liebenswert? Oder war es eher eine Liebe in Richtung „wenn, dann …"? Hatten Sie also eher das Gefühl, mehr geliebt zu werden, wenn Sie (gute) Leistung erbrachten?*

Und wie sah es bei Ihren Eltern selbst aus mit den Themen Leistung, Ehrgeiz und Erfolg?

- *Haben Ihre Eltern beide gearbeitet oder war Ihre Mutter Hausfrau?*
- *Was haben Ihnen Ihre Eltern über ihre Berufe und den Arbeitsalltag erzählt? Hatten sie eher viel Freude am Job und wirkten in der Regel entspannt und erfüllt nach der Arbeit? Oder erlebten sie viel Leistungsdruck, Stress und Überarbeitung?*
- *Waren (bzw. sind) Ihre Eltern beruflich erfolgreich und angesehen oder arbeiten sie eher, weil „eben Geld verdient werden muss"?*
- *Arbeiten bzw. arbeiteten Ihre Eltern, um Leistung zu zeigen, viel Geld zu verdienen und der/die Beste zu sein? Oder eher, weil es ihnen Freude und Erfüllung brachte?*

Eines ist mir sehr wichtig, wenn Sie sich diese Fragen beantworten und darüber nachdenken: Es geht nicht um irgendeine Schuldfrage! Es geht in **keiner** Weise darum, ob Ihre Eltern schuld sind an irgendetwas bzw. an Ihrem Perfektionismus. Es ist vielmehr wichtig zu verstehen! Zu verstehen, warum Sie sich vielleicht derart intensiv über Leistung definieren, um sich vollwertig und liebenswert zu fühlen. Zu verstehen, warum Sie es nicht bei „gut" belassen können und immer nach „am besten" streben. Zu verstehen, warum Sie meistens das Gefühl haben, dass es nie wirklich reicht, dass Sie eigentlich immer noch ein Quäntchen mehr leisten könnten.

Ihre Eltern hatten auch Eltern, von denen sie viele Ansichten, Prägungen und Anlagen mitbekommen haben. Wenn wir systemisch denken, gibt es kein „der ist schuld". Im System „Familie" beeinflussen sich die einzelnen Familienmitglieder gegenseitig, ihre Prägungen bedingen einander.

Außerdem: Wem ist geholfen mit der vermeintlichen Erkenntnis „Meine Eltern sind schuld"? Selbst wenn Sie dies sagen könnten: Damit ist Ihnen und Ihrem Perfektionismus noch lange nicht geholfen. Dadurch hat sich noch nichts verändert (außer, dass Sie gewaltig sauer auf Ihre Eltern sind – womit auch niemandem geholfen ist!)

Ich lerne immer mal wieder Menschen kennen, die sich auf diesem „Ich kann nicht anders, meine Eltern sind schuld" bzw. „Ich hatte eine schlimme Kindheit!" ausruhen und es sich bequem machen in ihrer Opferrolle. Das ist auch eine Art, durchs Leben zu gehen – aber sicher nicht die beste. Eigenverantwortung zu zeigen und sein Leben selbst in die Hand zu nehmen und gegebenenfalls zu verändern ist sinnvoller und macht auf Dauer auch sehr viel mehr Spaß.

Die Auseinandersetzung mit Ihren Wurzeln soll also Erklärung sein für Ihr Verhalten und Ihre Ansichten, nicht Entschuldigung. Sie soll Erkenntnisse bringen, aus denen heraus Sie dann umdenken und Verhaltensalternativen lernen können.

Es kann wichtig für Sie sein zu erkennen, dass Perfektionismus in einem leistungsorientierten Elternhaus mehr Nahrung bekommt. Wir wachsen in einem bestimmten Umfeld auf und machen uns lange keine Gedanken darüber. Das tun wir erst dann, wenn wir merken, dass Sand ins Getriebe kommt, dass uns irgendetwas nicht mehr guttut. Wenn wir merken, dass wir uns selbst im Weg stehen mit unserem Verhalten und unseren Denkmustern. Dann beginnen wir, darüber nachzudenken, woher das denn kommt.

Und hier liegt dann auch unsere große Chance: Erst dann nämlich, wenn wir uns dieser Dinge bewusst werden und auf die Reise gehen, erst dann haben wir auch die Möglichkeit, etwas in unserem Leben zu ändern. Plötzlich haben wir dann die Wahl! Wir können uns entscheiden: Wollen wir weiter nach den alten Mustern leben, in der Opferrolle verharren – „Ich kann nichts tun, so bin ich nun mal!"? Oder möchten wir, dass es uns besser geht, wollen wir eigenverantwortlich unser Leben in die Hand nehmen und dafür sorgen, dass wir leichter, entspannter und erfüllter leben.

Beschäftigen Sie sich also zuerst mit den Wurzeln und Ursprüngen Ihrer Prägungen – und lassen Sie dann los und schaffen neue Wege. Wie konkret das gehen kann, werde ich Ihnen im Exkurs über Glaubenssätze noch näher erläutern.

Meine anderen Erinnerungen an Perfektionismus als Kind und Jugendlicher

Gehen wir doch noch ein Stück weiter und wenden uns Ihren anderen Erinnerungen an Ihre Kindheit zu, außerhalb des Elternhauses. Schule, Freundeskreis, Ihre Hobbys, Schwärmereien oder Idole – wie perfekt musste es sein?

Übung: Perfektionismus in Kindheit und Jugend

- *Was ist Ihnen aus Ihrer Schulzeit vornehmlich in Erinnerung geblieben? Tolle Lehrer? Spannender Unterricht? Viele Freunde? Fröhliche Ausflüge? Oder eher Leistungsdruck? Unbehagen und Angst wegen strengen Lehrern und Notendruck? Konkurrenzgefühl zu anderen Mitschülern (erinnern Sie sich auch noch so gut an die Federmäppchen, die Sie bei Prüfungen zwischen sich und den Sitznachbarn gestellt haben, damit er nicht abschreiben kann? Ich schon.)*

- *Wie sah es mit Ihrem Freundeskreis aus? War das ein bunter Haufen unterschiedlicher fröhlicher Kinder mit den unterschiedlichsten Interessen und Fähigkeiten? Oder gab es auch dort schon Konkurrenz wie „Wer hat die schönste Puppe?" oder „Wer kann am schnellsten laufen?" und später vielleicht „Wer trägt die coolsten Klamotten?" und „Wer hat das schönste Mädchen erobert?"?*

- *Welche Hobbys hatten Sie? Durften Sie einfach Kind sein – ein Kind, das ein bisschen Fußball spielt, gerne*

- *mal liest und coole Musik hört? Durften Sie sich für das eine interessieren und dann doch das andere nach kurzer Zeit viel spannender finden? Oder gab es in Ihrer Freizeit auch schon ein straffes, durchstrukturiertes Programm?*

> *Gab es auch dort schon hohe Ansprüche an Sie – war es wichtig, dass Sie konzertreif Klavier spielen, bühnenreif tanzen oder Turnwettbewerbe gewinnen?*

- *Für wen schwärmten Sie? Haben Sie sich selbst Ihre Idole ausgesucht oder gab es einen gewissen Gruppenzwang, wen „man" toll zu finden hatte? Fanden Sie eher schräge, witzige oder freche Typen wie Pippi Langstrumpf klasse oder waren es Superman, wunderschöne Prinzessinnen und andere Helden? Haben Sie die einfach toll gefunden und ihre Poster an die Wand geklebt? Oder versuchten Sie, ihnen nachzueifern, so schön wie die Prinzessin zu sein oder so heldenhaft wie Superman? Vielleicht hatten Sie ja gar keine Idole oder Helden und waren sich selbst genug? Haben Sie sich Geschichten ausgedacht oder Burgen gebaut? Gelesen oder gesungen? Und all dies einfach so – oder weil die anderen das auch machen oder Sie sich viel mit den anderen gemessen und verglichen haben?*

Ich finde es spannend, wie sich unser Hang zum Perfektionismus schon in der Kindheit und Jugend zeigt. Unbewusst manifestieren sich also schon dort die Muster und Spuren. Und je nachdem, wie „freiwillig" wir Sport machten und musizierten oder wie viel (Leistungs-)Druck auch damals schon herrschte, gestalten wir dann auch unser Erwachsenenleben.

Auch hier gilt wieder: Bitte schieben Sie Ihren Eltern keine Schuld dafür zu! Ihre Eltern wollten und wollen **immer** das Beste für Sie! Sie wollten Sie ganz gewiss nicht quälen oder Sie unter Druck setzen. Entweder haben sie selbst von ihren Eltern schon den Leistungszwang eingeimpft bekommen – vielleicht wurden auch Ihre Eltern schon nur dann geliebt, wenn sie zauberhaft aussahen, wunderbar musizierten oder gute Noten heimbrachten. Oder es galt eher das Erziehungsprinzip „Mein Kind soll es mal besser haben als ich", weil sie selbst vielleicht eine sehr arme und wenig inspirierende Kindheit hatten.

In einer unbeschwert verlaufenden Kindheit konnten Sie sicher auch „Nein" sagen, wenn Ihnen Ballett nicht mehr gefallen hat oder Sie sich nicht für die Hobbys interessiert haben, die Ihre Eltern vorgeschlagen haben.

Wenn jedoch Ihre Eltern die eigenen Träume auf Sie projiziert oder den Druck ihrer Eltern an Sie weitergegeben haben, sah es anders aus. Kinder spüren, dass sie damit eine Aufgabe bekommen, die sie erfüllen „müssen". Sie wollen es den Eltern unbedingt recht machen, zeigen sich solidarisch oder „beeltern" (sind also quasi Eltern für die Eltern) gar die eigenen Eltern. „Mami ist glücklich, wenn ich wunderschön wie eine Prinzessin aussehe" oder „Papa ist stolz auf mich, wenn ich viele Tore beim Fußball schieße!".

Kindern haben nun einmal ihre Eltern als Vorbild und wünschen sich außerdem nichts sehnlicher, als dass sie ihre Eltern glücklich machen können!

Anne, Coachingklientin, 31 Jahre alt

Meine Mutter war, was Sport und Ernährung angeht, ausgesprochen streng zu sich selbst. Sie machte jeden Tag ihre Übungen, aß wie ein Spatz und legte extrem viel Wert auf ihr Äußeres. Mir blieb gar nichts anderes übrig als auch so zu werden: Ich fand mich ständig zu dick, quälte mich beim Ballett und lehnte Schokolade strikt ab. Gruselig wurde es in meiner Teenagerzeit: Da war meine Mutter ganz stolz darauf, dass wir die gleiche Klamottengröße hatten! Sie bediente sich öfter aus meinem Schrank, stand dann neben mir vor dem Spiegel und lachte: „Schau mal, wir sehen fast wie Schwestern aus!"

Schrecklich fand ich das! Ich wollte eine Mutter, wie andere Freundinnen sie auch haben – und keine Quasischwester oder Quasifreundin!

Exkurs zum Thema Glaubenssätze

Unsere Prägungen in der Kindheit haben mit der Zeit ein Glaubenssystem in uns etabliert, das uns Richtmaß und Entscheidungshilfe ist – unsere Glaubenssätze:

Glaubenssätze

Ursprünglich kommt dieser Begriff aus der Psychologie-Richtung NLP (Neurolinguistisches Programmieren) und kommt vom englischen Wort „Belief": Ein Glaubenssatz ist ein sprachlicher Ausdruck von etwas, das jemand für wahr hält – über sich und seine Umwelt hat er feste Überzeugungen, seine Glaubenssätze, wie: Im Sommer ist es immer warm, Männer sind Schweine, ich kann nicht Walzer tanzen. Dies alles sind (vermeintliche) Wahrheiten, die jedoch, näher betrachtet, alles andere als wasserdicht und allgemeingültig sind.
Glaubenssätze helfen uns (scheinbar!), uns leichter und schneller in der Welt zurechtzufinden, weil wir vieles einfach und übersichtlich in Schubladen packen können. „Das ist so!"
Punkt. Häufig stehen in unseren Glaubenssätzen die kleinen Wörter „immer" oder „nie": „Ich kann nie Nein sagen!" oder „Ich muss immer gleich weinen!" und eben auch „Ich muss immer alles perfekt machen!".

Diese Glaubenssätze dienen uns dazu, uns die Welt einfacher zu machen – quasi ein vereinfachtes Raster, ein Wahrnehmungsfilter. Und hier beginnt das große Problem:

Wenn wir uns nicht bewusst mit unseren Glaubenssätzen und deren Richtigkeit auseinandersetzen, dann tappen wir schnell in die Falle der „sich selbst erfüllenden Prophezeiung" – der selffullfilling prophecy. Ein Teufelskreis beginnt: Diese Glaubenssätze helfen uns, die Welt zu verstehen, sie sind unsere Wahrheit. Und damit das so bleibt, sorgen wir (unbewusst!) dafür, dass diese Wahrheiten auf Teufel komm raus wahr bleiben – und was nicht passend ist, wird passend gemacht. Zack!

Nehmen wir ein Beispiel:

Beispiel für eine Selffulfilling Prophecy

Einer Ihrer Perfektionismus-Glaubenssätze ist: „Wenn ich nicht absolut ungestört, hoch konzentriert und schnell arbeite, schleichen sich Fehler ein und das finde ich schrecklich!"

Sie sitzen also wieder einmal an einem wichtigen Projekt, konzentrieren sich maximal, sind extrem penibel, gönnen sich durch den selbst gesetzten Zeitdruck keine Pausen, sagen Verabredungen zur Entspannung ab. Vor lauter Anspannung und Druck, unter den Sie sich selbst setzen, passieren Ihnen ein paar Fehler.

Das lässt Sie verzweifeln und macht Sie enorm wütend auf sich selbst. Ein Teufelskreis – Sie nehmen sich nämlich beim nächsten Mal vor, noch genauer, noch konzentrierter und schneller zu sein – und setzen sich damit noch mehr unter Druck. Und machen dadurch wahrscheinlich wieder Fehler.

Sie sehen, Glaubenssätze schränken ein, sie verbauen uns den Weg zu Handlungs- und Denkalternativen. Uns kommt gar nicht in den Sinn, dass es vielleicht ganz anders ist, dass vielleicht viel mehr möglich ist – wir sehen schwarz oder weiß.

Wir haben diese „Wahrheiten" entweder von unseren Eltern und unserer Umgebung übernommen, die uns geprägt hat. Oder wir sind der Versuchung erlegen, aus vereinzelten Erfahrungen schnell Verallgemeinerungen zu basteln – vielleicht waren Sie zweimal in Bewerbungsgesprächen recht nervös und schon steht der Glaubenssatz festgemauert in Ihrem Kopf „In Bewerbungsgesprächen bin ich immer schrecklich nervös!".

Übung: Ihre Glaubenssätze

Wenden wir uns jetzt im Speziellen Ihren Glaubenssätzen zum Thema Perfektionismus zu – was spukt Ihnen da im Kopf herum? Wie wäre es zum Beispiel hiermit?

- *Nur wenn ich hundertprozentige Leistung abliefere, bekomme ich Anerkennung.*
- *Ich darf mir nie auch nur den kleinsten Fehler erlauben.*
- *Ich muss stets besser sein als die Konkurrenz.*
- *Ich muss stets die perfekte Mutter/Freundin/ Tochter/Geliebte/Mitarbeiterin sein.*

Notieren Sie sich die Glaubenssätze, die Ihr Leben bestimmen.

In der Aufzählung oben ließe sich sicher viel ergänzen, oder? Die ganzen „Immer"- und „Nie"-Sätze, die Sie immer weiterrennen lassen im Streben nach Perfektionismus – und die Ihnen letztlich das Leben gar so schwer machen. Die „Immer"-Sätze lassen Sie nie zur Ruhe kommen, Sie „müssen immer" weiterrennen im Hamsterrad, stets noch eine Schippe Anstrengung oben drauf legen, weil es ja keine Ausnahmen geben darf. Die „Nie"-Sätze bewirken das Gegenteil: Sie schränken enorm ein, nehmen Ihnen den Mut, Neues auszuprobieren, sich von gewohnten bisherigen Denkmustern zu verabschieden und dadurch vielleicht viel mehr schaffen zu können, als Sie bislang für möglich gehalten haben.

Hier ein paar Tipps, wie Sie mit Ihren Glaubenssätzen umgehen können:

Treffen Sie eine klare Entscheidung!

Machen Sie sich immer wieder aufs Neue bewusst: Glaubenssätze sind keine in Stein gemeißelten unumstößlichen Wahrheiten. Sie wirken so lange, bis Sie sich bewusst mit ihnen auseinandersetzen und feststellen, was Ihnen davon guttut und was nicht. Entscheiden Sie also klar und eindeutig, ob Sie etwas tun wollen oder nicht. Und dann schreiben Sie sich all Ihre Glaubenssätze mal auf ein Blatt Papier.

Wandeln Sie Antreiber in Erlauber um!

Sie können die Wucht und Unerbittlichkeit Ihrer Glaubenssätze abmildern, indem Sie im ersten Schritt alle „Immer"- und „Nie"-Formulierungen rauswerfen. Und dann nehmen Sie sich ein Blatt Papier und formulieren Sie Ihren Glaubenssatz so lange um, bis er Sie nicht mehr unter Druck setzt. Dann wird aus einem „Ich muss immer der Beste im Team sein!" vielleicht ein „Ich gebe mein Bestes, das reicht!" oder ein „Auch die anderen im Team dürfen Erfolg haben!". Und statt des anstrengenden Glaubenssatzes „Ich darf mir nie auch nur den kleinsten Schnitzer erlauben!" wird ein „Ich gebe mein Bestes und manchmal mache ich Fehler – wie jeder Mensch!". Schreiben Sie so lange, bis sich die Formulierung so richtig gut anfühlt, Sie innerlich entspannen und zu lächeln beginnen. Dann passt es!

Verabschieden Sie sich komplett von allzu hinderlichen Glaubenssätzen!

Schauen Sie sich Ihre Liste mit den Glaubenssätzen noch einmal an: Welche davon passen überhaupt nicht mehr, wo klappt also auch eine Umformulierung nicht mehr so recht? Vielleicht hat es ja damit zu tun, dass dies eigentlich nicht wirklich **Ihre** Wahrheiten sind, sondern die Ihrer Eltern? Oder sie stammen aus der Vergangenheit und stimmen in dieser Form jetzt ganz und gar nicht mehr. Wenn dem so ist: Lassen Sie los! Verabschieden Sie sich entschieden und eindeutig von diesen hemmenden Glaubenssätzen. Vielleicht haben Sie ja Lust dazu, dies mit einem Ritual zu bestärken und zu verdeutlichen:

Übung: Glaubenssätze verabschieden

Schreiben Sie je einen Glaubenssatz auf einen Zettel, lesen Sie ihn sich noch einmal genau durch und spüren Sie nach, ob Sie ihn wirklich verabschieden und loslassen wollen.

Und dann verbrennen Sie diesen Zettel – am besten draußen in der Natur und pusten die Asche in alle Winde. Machen Sie dies in aller Ruhe und mit aller Aufmerksamkeit – lassen Sie los in Dankbarkeit. Diese vermeintliche Wahrheit über sich selbst hat Sie ein Stück des Lebensweges begleitet und jetzt passt sie nicht mehr. Lassen Sie los.

Sie haben die Wahl und auch das Recht dazu!

„Altes Fundament ehrt man, darf aber das Recht nicht aufgeben, irgendwo wieder einmal von vorn zu gründen", sagte schon Johann Wolfgang von Goethe.

Ticken Männer und Frauen gleich?

Ja und nein. Irgendwie greifen Verallgemeinerungen ja immer zu kurz. **Die** Männer und **die** Frauen gibt es einfach nicht. Ich habe ja im Kapitel über die Wurzeln unseres Perfektionismus schon ausgeführt, dass es vor allem um die individuelle Prägung eines jeden Einzelnen geht, Elternhaus, Sozialisation etc.

Beim Stichwort „Sozialisation" jedoch sind wir dann doch wieder bei einer Möglichkeit der zumindest In-etwa-Verallgemeinerung. Jungs und Mädchen und Männer und Frauen wachsen dann doch unterschiedlich auf und werden unterschiedlich geprägt.

Das Problem des Perfektionismus kennen mit Sicherheit sowohl Männer als auch Frauen. Mir scheint jedoch, dass die Ursachen dafür in unterschiedlichen Gebieten liegen. Also: Bitte scheren Sie nie alle Männer und alle Frauen über einen Kamm, achten Sie stets auf feine Unterschiede und hüten Sie sich, wann immer möglich, vor Schubladen- und Klischeedenken.

Schubladen erleichtern unser tägliches Miteinander, weil sie uns helfen, einen unendlichen Wust von Informationen und Details erst einmal verdaulich vorzuordnen. Ohne eine gewisse Vor-Kategorisierung und Bewertung würden wir jeden Tag aufs Neue vor lauter Information Overload völlig handlungsunfähig sein. Schubladen sind also menschlich und okay – aber lassen Sie sie bitte offen! So haben die „Schubladenbewohner" immer die Chance, die Schublade zu verlassen.

Trotzdem möchte ich die unterschiedlichen Tendenzen aufzeigen, die ich sehe bzw. in meiner Coachingpraxis erlebe.

Weiblicher Perfektionismus: „Toughe Karrierefrau" oder „Everybody's Darling"

Auch hier gilt selbstverständlich: Es gibt nicht **die** Frau, jede
Frau ist anders. Wenn wir jetzt mal vor allem die Frau im
Beruf ansehen, geraten meiner Beobachtung nach zwei
Frauentypen besonders schnell in die Perfektionsfalle:

Die Karrierefrau

Der Karriereweg ist für Männer und Frauen gleichermaßen in
bestimmten Phasen steinig und anstrengend. Oft jedoch ist
er für Frauen noch ein wenig steiniger, da für den Weg nach
oben noch nicht die gleichen Möglichkeiten und Bedingungen herrschen. Ob dies de facto auch so ist oder Frauen das
eher so empfinden, sei dahingestellt und muss im Einzelfall
individuell betrachtet werden.

> *Marina, 38 Jahre, Abteilungsleiterin, Coaching-*
> *klientin*
>
> *Mir wird nichts geschenkt und ganz sicher mache ich nicht*
> *deshalb Karriere, weil ich so schöne blaue Augen habe. Um*
> *wirklich voranzukommen, musste ich schon immer besser*
> *sein als der beste Mann und mehr leisten … und auch einen*
> *höheren Preis zahlen. Allmählich jedoch frage ich mich, ob*
> *es das alles wert war.*

Auch wenn dieses Thema vor zehn Jahren noch sehr viel häufiger zu finden war: Auch heute machen sich (Karriere-) Frauen oft unglaublich viel Druck damit, besser zu sein als die Männer: Sie wollen menschlich, empathisch, zugewandt, sozial hochkompetent sein – aber auch so tough wie die Männer, trickreich, mit der nötigen Portion Ellenbogen, sie möchten Weiblichkeit und Charme an den Tag legen, aber auch den harten Kampfgeist, die kalkulierte Manipulation, das Unbedingt-gewinnen-Wollen.

Kurzum: Sie wollen alles sein. Die weibliche eierlegende Wollmilchsau. Oder besser: Sie meinen, alles sein zu müssen, um wirklich erfolgreich zu sein und in der Männerwelt mithalten zu können.

Ist das so? Braucht es das wirklich **alles**? Nein.

Wissen Sie, was das größte Problem dabei ist, wenn Sie als Karrierefrau wirklich all das berücksichtigen und erfüllen wollen? Sie kommen nicht mehr zum Arbeiten! Sie haben keine Zeit und keinen Raum mehr für das, wofür Sie sich begeistern können, wofür Sie brennen. Ihre Kraft, Konzentration und Aufmerksamkeit ist aufgebraucht für all das „Mache ich auch alles richtig – berücksichtige ich auch alles?". Und Sie sind ständig derart abgelenkt davon, dass Sie mit Sicherheit anfangen, Fehler zu machen. Erinnern Sie sich noch, wie es damals war, als Sie Ihre ersten Fahrstunden hatten? Wie holprig, langsam und schlängelig Sie gefahren sind, weil Sie sich gleichzeitig auf 1001 Dinge konzentrieren mussten – schalten, blinken, kuppeln, bremsen, Verkehrszeichen, rechts vor links?

Genau so holprig wird Ihr berufliches Auftreten, wenn Sie ständig alles richtig machen wollen und den Anspruch haben, an alles gleichzeitig denken zu können.

Zu Professionalität und Karriere gehört unter anderem unbedingt eines: Souveränität. Wenn Sie souverän sind, sind Sie gelassen, machen selbstbewusst Ihr Ding und hin und wieder einen Fehler. Weil das dann eben so ist. Punkt. Sie merzen ihn wieder aus und weiter geht's.

Sie können souverän zu Ihren Schwächen und Fehlern stehen, weil Sie auch um Ihre großen Stärken wissen, die bei Weitem überwiegen. Sie konzentrieren sich souverän auf das, was wichtig ist, und machen Ihre Sache so gut, wie es Ihnen möglich ist. Das reicht, weil das nämlich schon verdammt viel ist.

Und noch ein anderes Attribut macht erfolgreich und steht dem Perfektionismus, alles richtig machen zu wollen, entgegen: Ihre Authentizität! Wenn Sie z. B. nicht der Typ für harte Ellenbogen sind, dann sind Sie es eben nicht! Konzentrieren Sie sich auf Ihre Stärken – da bleibt noch genug übrig zum Karrieremachen. Wenn Sie meinen, für den Erfolg unbedingt alle „Männerspielchen" mitspielen zu müssen, obwohl Sie sich dabei ausgesprochen unwohl fühlen: Dann sind Sie nicht authentisch, sind nicht in Ihrer Kraft und können nicht mit dem überzeugen, was wirklich ganz individuell **Ihre Persönlichkeit** ausmacht. Wenn Sie eher ein leiser Mensch sind und jetzt meinen, für die Karriere müssen Sie ständig laut trommeln und aufdringliche Eigen-PR betreiben: Das klappt nicht. Sie werden nicht glücklich damit, müssen sich über Gebühr anstrengen und zudem wirkt es absolut nicht authentisch. Ihr Gegenüber kommt Ihnen auf die Schliche, wird misstrauisch … und aus ist es mit dem Erfolg!

Also: Seien Sie souverän und selbstbewusst genug, nicht immer alles richtig und perfekt machen zu müssen – so werden Sie garantiert erfolgreicher – und es macht mehr Spaß!

Everybody's Darling

Diese weibliche Spezies ist nicht unbedingt auf die große Karriere aus – die Luft da oben ist ihr eh zu dünn und die Spielregeln zu hart. Sie hat es am liebsten schön kuschelig, ohne Streit und Neid, ohne Konkurrenzkampf, Ellbogen oder Zickenkrieg. Auffallen ist nicht so ihr Ding, sie scheut das Rampenlicht, bleibt lieber hübsch in der hinteren Reihe.

Eine sehr geschätzte Kollegin von mir, sehr erfolgreich in ihrem Business, behauptet Folgendes (Vorsicht! Jetzt wird es provokant. Lassen Sie es sich trotzdem bitte mal in Ruhe durch den Kopf gehen in einer ruhigen Minute!).

> *Frauen hätten es leichter als Männer, ihr Dasein zu legitimieren – Kinder zu haben würde da oft schon reichen. Wirkten sie dann noch bei einem sozialen Projekt mit, wäre das Soll schon übererfüllt. Damit seien die Frauen dann schon raus aus der Pflicht und drin in der Kür. Insofern hätten es Männer in der Wahrnehmung schwerer: Ein Mann muss mit Karriere punkten, eine Frau kann mit Karriere punkten.*

Frauen bevorzugen daher oft den Kuschelkurs und entscheiden sich gegen die Karriere – ist ja nicht nötig! Und Kuscheln ist viel gemütlicher. Und man eckt damit auch nicht so an, im Gegenteil.

Und hier steht Kuscheln und „Habt mich bitte alle lieb!" in direktem Zusammenhang mit einer weiteren fatalen Variante des Perfektionismus:

Wenn mich alle lieb haben sollen, muss ich mich bei allen beliebt machen – muss deren Wünsche alle erfüllen, darf nie Nein sagen, lade mir all die Arbeit auf den Schreibtisch, die die anderen nicht machen wollen, falle regelmäßig auf Schmeicheleien wie „Ach, du kannst das immer so toll!" rein und schaffen es als Einzige nie, pünktlich in den Feierabend zu gehen. Ich ziehe meine Daseinsberechtigung quasi daraus, dass ich stets anderen helfe, ihnen Arbeit abnehme, dass mich (vermeintlich!) alle ganz dolle mögen.

Warum schreibe ich „vermeintlich"? Nun, überlegen Sie mal. Meinen Sie wirklich, dass Sie wirklich und wahrhaftig gemocht werden, nur deshalb, weil sie ständig helfen? Sicher, Hilfsbereitschaft ist eine wichtige und wunderbare Eigenschaft! Ich will sie Ihnen auch gar nicht ausreden. Nur darf sie nicht das Einzige sein, was andere an Ihnen schätzen. Weil es dann nämlich sicher keine echte Zuneigung, sondern unfaires Ausnutzen ist. Da haben dann die Kollegen einen – entschuldigen Sie! – gutmütigen Trottel gefunden, dem sie die ungeliebte Arbeit auf den Tisch schmeißen können. Dafür säuselt man dann auch gerne hin und wieder mal zuckrige Komplimente.

So krass ist es sicher nicht immer, aber ich möchte Ihnen damit einfach mal den „worst case" vor Augen führen.

Also: Sie rackern sich ab, arbeiten mehr als die anderen, kommen dadurch nicht wirklich zu Ihrer eigenen Arbeit, bleiben länger als die anderen im Büro, stellen Ihre eigenen Bedürfnisse ganz hinten an, sagen nie Nein und haben dadurch trotzdem keinen wirklichen Erfolg, keine echten Freunde und die Lorbeeren für die Arbeit streichen auch die anderen ein: Ist es das wert?

Mit noch etwas anderem möchte ich Sie ein wenig (zum Nachdenken) provozieren: Frauen sind deshalb perfektionistisch, weil sie (dafür) immer gelobt werden wollen. Und Frauen müssen so auch keine Verantwortung übernehmen – denn eigentlich haben sie große Angst vor Kritik. Wenn also sie selbst als Erste immer sagen „Das kann ich noch nicht abgeben, das ist noch nicht fertig (= perfekt)" – dann nehmen sie den anderen den Wind aus den Segeln, so können sie nicht wirklich kritisiert werden. Sie bleiben auf der sicheren Seite.

Perfektionistische Frauen scheuen also Kritik und übernehmen nicht wirklich Verantwortung für ihr Handeln.

Stimmt, mit Fehlern fallen Sie erst einmal auf und werden vielleicht auch mal kritisiert. Sie können umso mehr Ihre Professionalität und Kompetenz beweisen, wenn Sie mit Kritik dann gut umgehen und aus Fehlern lernen.

Ein guter Freund von mir, seit Jahrzehnten Personalchef großer Unternehmen, sagte in diesem Zusammenhang einmal: „Ich erwarte keine Mitarbeiter ohne Schwächen und Fehler, das gibt es nicht und das braucht auch keiner vorzuspiegeln. Die Schwächen sind mir im Einzelnen eigentlich auch völlig egal. Mich interessiert vielmehr, wie der Mitarbeiter damit umgeht, was er dagegen tut, was er inzwischen gelernt hat daraus. Das sagt mir dann viel über diesen Mitarbeiter."

Mit dem Neinsagen machen Sie sich vielleicht auch mal bei bestimmten Personen unbeliebt. Auf Dauer ist es aber echter, authentischer und entspannter, wenn Sie dadurch Persönlichkeit und Menschlichkeit zeigen.

Denn: Wer stößt einen Menschen gleich von sich, weil er einmal Nein sagt? Ist so jemand es wirklich wert, Freund genannt zu werden? Oder können echte Freunde vielmehr damit umgehen, wenn Sie ihnen nicht jeden Wunsch erfüllen, nicht jede Arbeit abnehmen und nicht zu jeder Tages- und Nachtzeit zur Verfügung stehen? Respektieren echte Freunde nicht vielmehr Ihre Grenzen und Bedürfnisse und knüpfen ihre Zuneigung zu Ihnen nicht an Bedingungen? Wie sieht es denn bei Ihnen selbst aus? Kündigen Sie einem Freund gleich die Freundschaft, weil er Ihnen mal nicht beim Umzug hilft oder Ihnen mal nicht stundenlang bei Ihrem Liebeskummer zur Seite steht? Wenn eine Kollegin Ihnen mal nicht hilft, weil sie selbst pünktlich aus dem Büro gehen muss – ist sie deshalb gleich eine blöde Kuh? Nein, nicht wahr?

Männlicher Perfektionismus: „Indianer weinen nicht!"

Stephan, 46 Jahre, Abteilungsleiter in einem Großkonzern

Stephan erzählte mir zum wiederholten Mal von massiven Schlafstörungen und Herzbeschwerden – die Kurzarbeit setzt seiner Firma und der Motivation seiner Mitarbeiter stark zu. Als ich ihn fragte, ob seine Mitarbeiter eigentlich wissen, dass es ihm nicht gut geht, blickte er mich völlig entgeistert an und meinte: „Natürlich nicht. Als Chef muss ich doch motivieren und stark sein, da darf ich mir keine Schwäche anmerken lassen."

Ach, ist das so?

Perfektionismus bei Männern ist genauso vielschichtig und durch genauso viele verschiedene Ursachen bedingt wie bei Frauen. Ich erlebe jedoch einen ziemlich gravierenden Unterschied und das ist genau der, den Stephan mit ins Coaching brachte.

Seinen Mitarbeitern davon erzählen, dass er nicht gut schläft und so manche Sorge ihm Herzprobleme macht? Nie und nimmer! Das geht ja gar nicht! Mann muss stark sein, Mann muss immer weiterwissen, Mann kriegt das schon alles auf die Reihe und wenn Mann tatsächlich mal in einer Krise steckt, nicht mehr weiter weiß oder gar Angst hat – dann redet Mann auf keinen Fall darüber! Auf gar keinen Fall!

Frauen stehen auch unter Druck, müssen 1001 Dinge unter einen Hut bringen, zahlreiche verschiedene Rollen erfüllen – Frauen haben auch Stress und kennen Ängste. Aber Frauen reden eher darüber! Sie wissen schon: Weil das mit der Psyche und der Seele eher so ein Mädchending ist und das Darüberreden auch. Frauen wird das eher zugestanden, Frauen dürfen schwach sein und das auch mal zeigen – Männer nicht. Weil Männer dann nämlich gleich Weicheier sind oder Warmduscher oder Softies.

Der Indianer kennt keinen Schmerz. Ganze Kerle heulen nicht rum wie ein Mädchen. Und Chefs lassen auf gar keinen Fall ihre Mitarbeiter wissen, wie es ihnen wirklich geht.

Liebe Männer: Warum eigentlich nicht?

Das hab ich auch zu meinem Coachingklienten Stephan gesagt. Klar, ein Chef sollte Vorbild sein und motivierend vorangehen können; er muss sich ja nicht gleich weinend seinen Mitarbeitern auf den Schoß setzen.

Wir dachten dann gemeinsam darüber nach, welchen Eindruck es wohl auf seine Mitarbeiter machen würde, wenn er mal sagen würde: „Ich hab schon mal besser geschlafen als zur Zeit, ja. Und ich hab auch manchmal große Sorgen, wie es weitergehen wird. Aber ich bin davon überzeugt, dass wir das gemeinsam schaffen können!"

Es würde ihn menschlich machen, vom Sockel herunterholen – seine Mitarbeiter könnten sich viel mehr mit ihm identifizieren. Sie würden vielleicht denken: „Wenn es sogar dem Chef nicht immer gut geht momentan, dann brauche ich mich ja nicht zu verstecken!"

Der Perfektionismus, alles „gewuppt" zu bekommen und trotz des größten Stresses wie ein ganzer Kerl gelassen und aufrecht stehen zu können und vor allem nie, nie, nie Schwäche zu zeigen – das ist ganz klar so ein Jungs-Ding. Und das muss nicht sein!

Männer, wollt ihr denn unbedingt das althergebrachte Klischee vom ganzen Kerl weiter bedienen, der dominant ist, stark und unbesiegbar, durchsetzungsstark und mit unerschöpflichen Bärenkräften ausgestattet?

Lassen Sie es sich von einer Frau gesagt sein: Wir mögen Männer, die stark genug sind, sich auch mal schwach zeigen zu können. Männlichkeit und auf die eigenen Bedürfnisse und Grenzen achten schließen sich nicht aus, im Gegenteil. Ohne Ende durchpowern, obwohl man schon längst sein Limit überschritten hat – das ist nicht männlich, sondern allenfalls dämlich. Weil es nix bringt und krank macht.

Bringen Sie den Mut auf, hin und wieder ein bisschen weniger perfektionistisch zu sein – zeigen Sie auch mal Schwäche und Unsicherheit. Voraussetzung dafür ist natürlich, dass Sie überhaupt spüren, dass es Ihnen im Augenblick nicht ganz so gut geht. Achten Sie auf kleine Signale Ihres Körpers deutlich mehr als zuvor, beobachten Sie, ob Sie noch genauso begeistert und energiegeladen an die Arbeit gehen wie früher. Machen Sie sich ein bisschen öfter ein paar Gedanken über sich selbst. Lernen Sie Ihre Bedürfnisse kennen und stehen Sie für sie ein. Und trauen Sie sich bitte, in Zukunft ein bisschen mehr Schwäche und Unsicherheiten in Ihr Leben einzuladen. Probieren Sie es doch einmal aus, wie es sich anhört und anfühlt, wenn Sie „Ich schaff das nicht" sagen. Ob es wirklich so weh tut, wie Sie befürchten und ob denn Ihr Renomee wirklich sofort im Eimer ist.

Sie werden überrascht sein!

Und wissen Sie was? Trotz aller Unterschiede bei den Geschlechtern: Eigentlich finde ich es besser, in diesem Fall weniger Unterschiede zu suchen als denn Gemeinsamkeiten. Warum?

Nun, ich plädiere ja immer wieder dafür, mehr über seine kleinen Unzulänglichkeiten, Zweifel und Marotten zu reden – also auch über seinen vielleicht zu großen Perfektionismus und dessen Auswirkungen. Jeder von uns hat seine Gründe dafür, Männlein wie Weiblein. Das „Warum?" ist jedoch gar nicht so wichtig.

Wichtiger erscheint mir, darüber zu reden, sich auszutauschen und ein „Wie gehts anders?" herauszufinden. Und das geht am besten gemeinsam: Chef mit Mitarbeiterin, Chefin mit Kollegen, Tennispartner, Freunde, Geschäftspartner mit Geschäftspartnerin. Über Branchen-, Alters-, Status- und Geschlechtergrenzen hinweg.

Also noch einmal: Lassen Sie sich überraschen, liebe Leser und Leserinnen, was passiert, wenn Sie über Ihren Schatten springen und mehr darüber reden. Es erleichtert, Sie sehen, dass es nicht nur Ihnen so geht und zudem gibts sicher jede Menge Impulse und Ideen, wie andere ihrem Perfektionismus Herr geworden sind.

Allzu viel ist ungesund!

Paracelsus (1493–1541), Arzt, Mystiker, Philosoph
„Alle Dinge sind Gift, und nichts ist ohn Gift. Allein die Dosis machts, dass ein Ding kein Gift sei!"

Es ist wie mit so vielem: Die Dosierung macht's! Fett ist gesund, weil es bestimmte Vitamine erst richtig zur Wirkung kommen lässt. Zu viel Fett macht dick. Rotwein in Maßen ist gut fürs Herz – zu viel Rotwein macht abhängig.

Genauso ist es auch mit unseren Talenten, Fähigkeiten, Stärken: Das richtige Maß macht eine Eigenschaft zur Stärke, zu viel oder zu wenig davon macht sie zur Schwäche: Sparsamkeit kann eine Stärke sein. Zu viel davon ist Geiz, zu wenig davon ist Verschwendung. Gelungene Eigen-PR ist uns auf dem Karriereweg sehr förderlich. Zu wenig davon haben die grauen Mäuse, die keiner wirklich wahrnimmt. Zu viel davon haben die Aufschneider und Marktschreier, die letztendlich keiner wirklich ernst nimmt.

Wenn Sie also Ihren Ehrgeiz und Anspruch im richtigen Maß einsetzen, kann das nur förderlich sein. In diesem Buch geht es ja eindeutig um das „Zuviel" – nicht gut sein wollen, sondern perfekt sein wollen. In diesem Kapitel gehe ich genauer darauf ein, warum Perfektionismus eben nie wirklich zu Erfolg, Glück und Erfüllung führen kann. Vielleicht mag Ihnen die eine oder andere These überspitzt vorkommen: Um der Klarheit und Prägnanz willen bringe ich Dinge deutlich auf den Punkt, male bewusst schwarz – damit hoffe ich, Sie ein für alle Mal von zu großem Perfektionismus zu kurieren!

Perfektionismus ist anstrengend (und ungesund)

Wenn ich überall perfekt sein will – wann habe ich dieses Ziel erreicht? Wer sagt mir, wann es wirklich hundertprozentig perfekt ist? Wann ist es genug? Wann kann ich aufhören? Wo stehen die Regeln dafür?

Lauter Fragen, die wir im Grunde genommen nicht beantworten können – und das macht den Perfektionismus so anstrengend: Es reicht eigentlich nie! Ein bisschen was geht wohl immer noch. Wenn ich keinen Mut zur Lücke habe, dann kann ich nie aufhören, weiter und weiter zu verbessern. Auch wenn ich persönlich meine: Das ist jetzt das Beste! Wer sagt denn, dass um die nächste Ecke nicht das noch Bessere lauert?

Und schon haben wir das klassische Bild vom Hamster im Rad: Er läuft und läuft und läuft … und kommt nie an. Und gönnt sich deshalb viel zu selten Pausen. Und das ist ungesund. Perfektionisten, die den Punkt nicht finden, an dem es auch mal genug ist, sind deshalb nicht selten auch besonders anfällig für den Griff zu Alkohol und Tabletten, um entweder das Gefühl des Angestrengt-und-Überfordert-Seins zu betäuben oder aber um noch leistungsfähiger zu werden.

Perfektionismus schränkt ein

„Entweder mach ich's ganz und dann richtig oder gar nicht!" Diesen Satz kennen Sie sicher, nicht wahr? Was aber bedeutet das in letzter Konsequenz? Heißt das zum Beispiel …

- … wenn ich keine Zeit dafür habe, die vierstöckige Buttercremetorte und den Baumkuchen zu backen, sage ich den Kaffeeklatsch mit Freundinnen ab?

- … wenn mir auch nur eine Sekundärliteratur zu dem Artikel fehlt, verschiebe ich den Abgabetermin?

- … wenn ich mich nicht absolut perfekt auf die Präsentation vorbereiten kann, dann lasse ich sie lieber einen Kollegen übernehmen?

- … bevor ich nicht wieder die absolute Traumfigur habe, gehe ich nicht auf Männersuche?

Wie schade eigentlich! Wenn ich nur in schwarz und weiß denke, sehe ich all die vielen Farbabstufungen dazwischen nicht. Bei „entweder perfekt oder gar nicht" verschenke ich viele Chancen dazwischen, die mir sicher auch Freude, Erfolg oder Anerkennung bringen würden.

- Vielleicht würde der Kaffeeklatsch gerade dieses Mal besonders lustig – auch wenn es Fertigkuchen aus der Tüte gibt?

- Vielleicht hätte gerade dieser Artikel gerade heute besonders für Furore gesorgt (und tut es nächste Woche lang nicht mehr so gut)?

- Vielleicht wäre genau diese Präsentation der Anlass für Ihren Chef gewesen, sich mal näher mit Ihren Leistungen und Verdiensten zu beschäftigen?

- Vielleicht steht Ihr Traummann, der da draußen irgendwo auf Sie wartet, ja ausgerechnet auf Frauen mit ein paar Kilos mehr auf den Hüften?

Perfektionismus ist langsam und lähmt

Eine ehemalige Studienkollegin – eine wirklich sehr kluge und ehrgeizige Frau – hat doch tatsächlich den Abgabetermin für ihre Magisterarbeit verpasst, weil sie nicht fertig wurde mit ihrem Werk. (Erst nach intensivem, engagiertem Bitten wurde ihr eine Woche Verlängerung gewährt.)

Wie konnte das passieren? Sie hat gewiss nicht getrödelt und stattdessen dem faulen Studentenleben gefrönt. Sie war sicher nicht so einfallslos, dass die Arbeit die erforderliche Mindestseitenzahl noch nicht erreicht hatte. Nein, sie war schlicht und ergreifend zu perfektionistisch! Und konnte deshalb kein Ende finden im Immer-weiter-nach-Sekundärliteratur-Recherchieren, wühlte sich vom hundertsten in den tausendsten Hinweis – fand keinen Schlusspunkt fürs Materialsichten und begann somit zu spät mit dem eigentlichen Schreiben.

Ein anderes Beispiel:

Beispiel: Perfektionismus lässt das Ziel verfehlen

In meinen Workshops zur Teamentwicklung in Unternehmen gibt es häufig für die Teilnehmer diverse Gruppenspiele, in denen es darum geht, als Team in einer bestimmten Zeit (erste Voraussetzung!) eine Lösung für ein vorgegebenes Problem zu finden (zweite Voraussetzung!). Die Teams formieren sich also und legen eifrig los. Interessant und bezeichnend dabei ist, dass sich die Teams in der Regel derart bemühen, eine möglichst perfekte Lösung zu finden, dass sie nicht innerhalb der vorgegebenen Zeit fertig werden. Selbst wenn es also eine Lösung gibt – 50 % der Anforderungen wurden somit nicht erfüllt.

So ist es doch z. B. im Projektalltag oft: Es gibt Deadlines, bis zu denen etwas fertig sein **muss**, weil dann andere daran weiterarbeiten sollen. Wenn der allzu Akkurate und Perfektionistische dann sagt: „Halt, Stopp, noch nicht weiterreichen, es ist noch nicht perfekt!", kommt sofort der gesamte Ablauf ins Stocken. Es ist keine große Kunst, mit aller Zeit der Welt perfekte Ergebnisse zu liefern – allerdings ist es in der heutigen Berufswelt unrealistisch. Wir **haben** nun mal Deadlines! Darum gilt es, **innerhalb** der Zeit die **bestmöglichen** Ergebnisse zu liefern.

Henry Ward Beecher (1813–1887), US-amerikanischer Geistlicher

„Ich hasse diese kalten, genauen, perfekten Leute, die, um nicht falsch zu sprechen, überhaupt nicht sprechen, und um nichts falsch zu machen, nie etwas tun."

Perfektionismus verleitet dazu, sich im kleinsten Detail zu verlieren und dabei die Zeit außer acht zu lassen – Perfektionismus macht also langsam.

Und Zu-langsam-Sein, weil man es ganz besonders gut durchdenken will, kann fatale – ja tödliche Folgen haben, wie dieser kleine Witz beweist:

Zwei Wanderer treffen in den kanadischen Wäldern einen Bären. Der eine Wanderer reagiert sofort, zieht seine schweren Schuhe aus und die Laufschuhe an. „Was soll das denn?", fragt sein Kumpel. „Damit kommst du auch nicht weit!" Darauf der andere: „Es reicht schon, dass ich schneller bin als du!"

Perfektionismus macht unflexibel

Wie gerade beschrieben: Perfektionisten geben eine Arbeit lieber gar nicht erst ab, bevor sie nicht ihren perfektionistischen Ansprüchen genügt. Wenn die Zeit nicht reicht, dann gibt es eben nichts – basta! Mich und meine Leistung gibt es nur als Gesamtpaket, nie in kleinen (vielleicht viel verdaulicheren?) Dosen.

Ja, Herrgott, wenn Ihr Chef aber **heute noch** erste Projektideen von Ihnen auf dem Tisch haben möchte? Weil er dann vielleicht über den weiteren Projekt-Etat entscheidet? Und wenn er dann nichts zu sehen bekommt, weil es noch nicht perfekt ist? Pech gehabt – Geld futsch – Projekt zu Ende.

Selbstverständlich gibt es auch Deadlines und Termine, die unmöglich einzuhalten sind, auch mit „normalem" Ehrgeiz und Anspruch. Darum geht es hier aber nicht, sondern um die fehlende Flexibilität von Perfektionisten, dann eben zwar eine sehr gute, aber nicht perfekte Arbeit abzuliefern – die wahrscheinlich völlig ausreicht, um die Lorbeeren einzuheimsen, das Lob abzustauben oder das Budget zu bekommen.

Unser ganzes derzeitiges Berufsleben ist geprägt von Veränderung und dem Ruf nach Flexibilität. Das können Sie gut finden oder nicht, Sie können sich darauf einstellen oder es lassen. Gut wäre jedoch zumindest hin und wieder ein Mindestmaß an Flexibilität – auch wenn sie auf Kosten des Perfektionismus gehen mag. So kommen Sie weiter!

Perfektionismus ist feige

„Es muss perfekt sein, was soll der Chef denn sonst denken?"

„Ich halte in dem Projektmeeting lieber meinen Mund, eh ich irgendwas Dummes und Unausgegorenes sage! Das wäre doch peinlich!"

„Nein, ich sage den Vortrag morgen ab, ich bin nicht perfekt vorbereitet!"

Soso. Perfektionisten denken wahrscheinlich, diese Meinung sei ihr gutes Recht und geradezu ein Zeichen ihres Ehrgeizes und Anspruchs an sich selbst. Sie sind stolz darauf, dass sie keine halben Sachen oder gar Fehlerhaftes abliefern.

Kann sein. Muss aber nicht. Das kann auch nach hinten losgehen. Das kann nämlich auch ganz anders interpretiert werden!

Wenn der Chef nie etwas von Ihren Ideen zu Gesicht bekommt, denkt er vielleicht: „Hm, der Maier zeigt nie was, der scheut wohl konstruktives Feedback? Vom Huber kann ich mir inzwischen ein viel besseres Bild machen. Der lässt sich auch mal was sagen und kann mit Kritik umgehen."

Der Kollege denkt sich vielleicht: „Wie schade, dass die Müller beim Brainstorming immer den Mund hält. Ich wäre wirklich auf ihre Ideen gespannt!"

Und das Publikum hätte vielleicht gerade **Ihrem** Vortrag besonders viel herzlichen Beifall geschenkt, weil Sie sich so menschlich gezeigt und keine perfekte Roboterpräsentation gehalten haben.

Ich möchte Sie zum Perspektivenwechsel einladen – es kann nichts schaden, die Sache auch mal mit anderen Augen zu sehen und sich **erst dann** zu entscheiden, welchen Weg Sie wählen. Nicht wahr?

Auf den Punkt gebracht

Perfektionismus …

- … ist anstrengend und ungesund.
- … schränkt ein.
- … ist langsam.
- … macht unflexibel.
- … ist feige.

Na? Habe ich Ihnen jetzt drastisch genug vor Augen geführt, dass es kaum wirklich positive Seiten am Perfektionismus gibt? Schauen Sie einfach mal mit anderen Augen drauf – sehen Sie es doch mal anders!

Fehlerfrei, einfach, regelbar – so tickt das Leben nicht!

Es gibt viele Bücher, Blogs und Artikel, die ein rosarotes, hochglanzpoliertes und „Alles easy!"-Leben versprechen, wenn man nur die fünf Tipps, die neun Ratschläge oder die elf goldenen Regeln befolgt. Tja, das ist vielleicht im Märchen so und in schlechten Daily Soaps. So funktioniert das Leben aber nicht.

Der selbstbewusste Weg zum Erfolg: Fehler machen!

Bloß keine Fehler machen! Kinder sollten im Kindergarten schon schreiben können und englisch sprechen, in der Schule werden Fehler dick und fett und rot angestrichen und die Fortschritte im Lernen höchstens mal mit einem freundlichen Nicken belohnt. Im Berufsleben bringen es (scheinbar?) diejenigen besonders weit, die perfekte Leistung abliefern, sich nie irren, nie zögern und zweifeln, nie stillstehen oder erst recht nie Fehler machen. Perfekte Leistung – nur so funktioniert Erfolg?

Von wegen!

Erstens ist es zutiefst menschlich, Fehler zu machen: Das Kind lernt das Laufen erst dann, wenn es hundertmal hingefallen ist, Autofahren können wir erst, nachdem wir hundertmal den falschen Gang eingelegt oder den Motor abgewürgt haben.

In Deutschland sind Fehler und Scheitern tabu, in den USA ist ein richtiger Unternehmer derjenige, der mindestens einmal pleite gegangen ist. In Amerika gibt es sie schon lange, in Deutschland beginnen sie gerade erst: Die sogenannten „Fuck-up nights", wo Menschen über ihr Scheitern berichten und davon, was sie daraus gelernt haben.

Fehler zu machen ist nicht nur „nicht so schlimm", es muss geradezu sein, um erfolgreich zu werden, und zwar vor allem aus diesen vier Gründen:

- **Ich bin schneller!** In den USA sind viele neue Produkte deshalb so erfolgreich, weil sie bereits in der Beta-Version auf den Markt gebracht und dann anhand der Kundenfeedbacks verbessert werden. In Deutschland wartet man, bis die Sache sicher ist, man wartet und verbessert und wartet … und inzwischen hat ein Mitbewerber das Produkt längst erfolgreich lanciert.

- **Ich bin kreativer!** Das klassische Brainstorming, eine der erfolgreichsten Kreativitätsmethoden, basiert darauf, dass „richtig" oder „falsch" erst mal völlig egal ist. Wenn ich keine Angst vor Fehlern habe, kommen mir mehr Ideen, ich bin freier und lasse meine Gedanken nicht sofort durch den „Ist das auch wirklich perfekt?"-Filter rieseln.

- **Ich bin mutiger!** Wenn ich meinem Chef erst dann ein Projekt vorschlage, wenn ich hundertprozentig sicher bin – dann werde ich vielleicht nie Projektleiterin, weil bereits drei andere Kollegen „Hier!" gerufen haben. Wenn ich zu Fehlern selbstbewusst stehen kann, habe ich öfter den Mut, mich zu melden.

- **Ich bin entspannter!** Fehler sind gut, um den Reality-Check zu machen: Geht die Welt wirklich unter, wenn ich Fehler mache? Werde ich sofort gefeuert? Wenden sich sofort alle Freunde ab? Nein! Das entspannt. Das merke ich aber erst, wenn ich diese großen schwarzen Befürchtungen auf den Prüfstand stelle.

Also: Seien Sie selbstbewusst: Machen Sie Fehler! Und werden Sie erfolgreich!

Nein! Das Leben ist nicht immer leicht

Nicht? Wer andere Blogartikel oder Kapitel anderer Bücher von mir gelesen hat, in denen es viel um Leichtigkeit geht, findet vielleicht, dass ich mir jetzt selbst widerspreche. Und ich merke: Nein, ich widerspreche mir nicht – ich beginne einfach mit zunehmender Erfahrung, meine Sichtweise ein wenig zu ändern. Das Thema „Leichtigkeit" wird gerade im Coaching immer wichtiger und ich möchte einfach ehrlich und aufrichtig sein … und mir und meinen Klienten möglichst wenig vormachen.

Leichtigkeit. Ein schönes Wort. Erstrebenswert. Leichtigkeit erleichtert unser Leben, unser Denken und Handeln. „Es darf auch leicht gehen" war mir vor vielen Jahren selbst ein wichtiger Schlüsselsatz, mit dem ich etliche alte Glaubenssätze aufräumen konnte.

„Wenn die Zeit reif ist, geht's leicht."

… stimmt sehr – die besten und schönsten Aufträge habe ich leicht bekommen, ohne viel Mühe.

Vor ein paar Wochen wurde mir etwas klar – und zwar bei einem intensiven Gespräch mit einer lieben Freundin und Kollegin. Wir sprachen darüber, wie viele Seminarangebote, Bücher und Coachings es mittlerweile gibt, die versprechen, dass dann irgendwie alles ganz leicht geht: Dass wir unser Leben leicht meistern können, dass wir leicht alles unter einen Hut bringen können, dass wir Ziele leicht erreichen etc. Und Claudia sprach einen entscheidenden Satz:

„Wie vermessen ist es eigentlich, ständig zu erwarten, dass das Leben ganz leicht geht!"

Ja, verdammt – so ist es! Es ist nicht immer leicht, das Leben! Ich bin bald 52 Jahre alt, sehr gut ausgebildet und weiterentwickelt in diesen ganzen Mental- und Psychodingen, coaching- und therapieerfahren, habe fünf schlaue Bücher übers Selbstbewusstsein geschrieben … und mein Leben ist zwischendurch alles andere als leicht.

Da ist es dann schwer. Verdammt schwer und beängstigend und düster und deprimierend und verzweifelt und ängstlich und zweifelnd und schwarz. So! Da weiß ich, die tolle Expertin, auch nicht weiter. Da sterb ich fast vor Liebeskummer. Da bin ich trotz all meiner tollen Menschenkenntnis und Erfahrung wieder einmal schrecklich enttäuscht von einer Freundin. Da bin ich ziel- und plan- und lösungslos. Und dann ist nirgendwo am Horizont auch nur ein Fitzelchen Leichtigkeit zu sehen. Da denke ich auch schon mal: „Das war's dann."

Mit dem Leben immer besser umgehen zu können, bedeutet für mich **nicht**, dass es irgendwann alles ganz leicht geht. Sondern dass es manchmal und immer öfter leichter geht und diese Momente dann ganz wunderbar sind und wir stolz auf uns sein können, weil wir etwas gelernt haben.

Und manchmal ist es eben richtig und wichtig, mit klarem Blick zu sehen: Nö, ist grad nicht leicht. Nicht, um dann die Hände in den Schoß zu legen und im fatalistischen Nichtstun zu verharren, sondern um der Realität einfach ins Auge zu blicken, sie anzunehmen. Und sie nicht gleich um jeden Preis unbedingt weghaben zu wollen. Annehmen. Anerkennen. Vielleicht sogar einverstanden sein damit, dass es nicht leicht ist. Weil es gerade so ist. Punkt. Das ist sowieso eine der höchsten Künste für mich im Leben: Einverstanden zu sein mit allem, was ist. Schwer, sag ich Ihnen. Gelingt wahrlich nicht immer – aber inzwischen ein klein bisschen öfter!

Noch zwei Anekdoten zum Thema „leicht"

Eine Coachingklientin – eine junge Frau, die im Sommer eine erste große Führungsaufgabe übernehmen wird und mich dabei als Begleiterin möchte – sagte in unserer ersten Stunde:

„Und Sie helfen mir dann dabei, dass mein Führungsjob ganz leicht geht, oder?"

Vielleicht hätte ich noch vor einem Jahr oder so bejaht und gesagt: „Ja, so ähnlich. Ich unterstütze Sie dabei, dass viel Leichtigkeit in Ihrem Führungsalltag sein darf." Dieses Mal antwortete ich:

„Ich kann Sie dabei unterstützen, dass Sie Probleme besser lösen können, dass es zwischendurch auch mal leichter geht und Sie aus Krisen viel lernen können."

Probleme und Krisen also nicht wegmachen, sondern besser damit umgehen lernen. Das ist Fortschritt.

Eine andere Situation: Ich bin Moderatorin einer Regionalgruppe von XING. Letzte Woche war ein besonderes Treffen, wir waren 14 Leute und es ging mir darum, dass wir uns gegenseitig erzählen, was für uns **Demut und Dankbarkeit** bedeuten. Ich fing an mit einem meiner letzten Blogartikel, mit dem ich ein recht schweres Thema kommentierte.

Danach erzählte eine Frau ihre Geschichte von schwerer Krankheit und dem Weg in die Heilung dadurch, dass sie sich eines Tages nicht mehr auf das Leid konzentrierte, sondern darauf, wofür sie trotz allem dankbar ist. So – Sie können sich vorstellen: Extrem intensive Atmosphäre, man konnte die berühmte Stecknadel fallen hören, hohe Konzentration und Achtsamkeit. Und prompt meinte eine Teilnehmerin:

„Na, das ist ja ganz schön starker Tobak hier, so viel Schweres – darauf war ich gar nicht vorbereitet. Ich find's gut, wenn wir jetzt erst mal ne Pause machen, um wieder durchzuschnaufen und laut sein zu dürfen."

Ein Moment, in dem es um viel ging, das merkte ich sofort. Unsicherheit machte sich im Raum breit, ich zögerte nur kurz und sagte dann mit aller Entschiedenheit in der Stimme, fast ein wenig streng, weil es sein musste:

„Nein! Wir machen jetzt keine Pause. Wir halten das jetzt alle miteinander mal aus, dass es gerade schwer und tief ist. Wenn wir jetzt eine Pause machen, ist die Tür zu, die im Moment so wunderbar offen ist."

Mehrere Teilnehmer sagten mir hinterher, wie dankbar sie mir in dem Moment waren – dass ich streng blieb.

Ja, Herrgott noch mal! Wir müssen manchmal da durch. Manchmal ist es wichtig, etwas auszuhalten, auch wenn es gerade nicht superdupereasy zu ertragen ist. Manchmal ist es auch wichtig, uns uns und anderen zuzumuten in all unserer Schwere, Ratlosigkeit, Verzweiflung – auch dann, wenn es echt nicht leicht ist mit uns. Wo wir anstrengend sind, weil das Leben gerade so anstrengend ist.

Wir wachsen daran. Wir lernen dadurch. Wir sind gewappneter für das Leben dadurch.

Und dann darf es manchmal auch ein klein bisschen leichter gehen!

Authentisch statt perfekt – so ist die Außenwirkung nachhaltig und ehrlich

Gerade habe ich mal wieder einen Blogartikel gelesen aus der Kategorie „So wirken Sie besonders souverän – 7 goldene Tipps." Gelungene Eigen-PR gehört auch zu meinen Themen, über die ich Vorträge halte oder zu denen ich Seminare leite. Ein spannendes Thema – aber eben auch sehr anfällig für Perfektionswahn. Wollen Sie perfekt wirken, glatt, hochglanzpoliert, ohne Ecken und Kanten? Welcome Mr. und Ms. Robot.

Vielleicht können Sie das Wort „authentisch" schon nicht mehr hören. Viel ist darüber gesagt worden, inflationär ist es verwendet worden, manch einer kann es nicht mehr hören.

Ich bin ein großer Fan von Authentizität. Das bedeutet für mich nämlich „echt sein" und das heißt: Du musst dich nicht verstellen, viel Energie ins Schauspielen und Taktieren verwenden. Und diese Energie ist dann frei für Erfolgreiches, Produktives, Durchstart!

Wikipedia sagt dazu:

Angewendet auf Personen bedeutet Authentizität, dass das Handeln einer Person nicht durch äußere Einflüsse bestimmt wird, sondern in der Person selbst begründet liegt.

Und was assoziieren Sie mit „authentisch sein"? Sich nicht verbiegen (lassen)? Aufrecht sein? Glaubwürdig, zuverlässig, echt sein? Keine faulen Kompromisse eingehen? Ich möchte Sie dazu ermutigen, authentisch zu bleiben, auch und gerade z. B. in Ihrem ersten Führungsjob – weil es Sie stärker, erfolgreicher, ausgeglichener und letztendlich glücklicher macht.

Große Worte? Stimmt. Ich habe allerdings auch gute Gründe dafür:

Authentisch sein = sich gut kennen. Wenn Sie authentisch sind, zeigen Sie sich, wie Sie sind, und das machen Sie durchaus bewusst. Sie kennen sich aus mit sich selbst, Sie kennen Ihre Stärken und Ihre Schwächen, Ihre Motive, Ihr Denken und Empfinden. Dadurch können Sie bewusst und situationsgerecht handeln, selbstreflektiert Ihre Ressourcen einsetzen und damit punkten.

Authentisch sein = im Einklang mit seinen Werten sein. Welche Werte sind Ihnen wichtig im Leben, sind Ihnen Orientierungshilfe und Ausrichtung? Wenn Sie Ihre Werte kennen und danach leben, wissen Sie auch schnell, was bzw. wer zu Ihnen passt und wer nicht. Sie werden sicher im Umgang mit Menschen, weil Sie wissen, was Sie brauchen und wollen. Wenn Sie in einem Unternehmen arbeiten, dessen Werte im Einklang mit Ihren Werten stehen, sind Sie im Fluss und können authentisch sein.

Authentisch sein = entspannt sein. Sich auf Dauer zu verstellen oder eine Rolle zu spielen, die vermeintlich besser ankommt oder gefragter ist, ist enorm anstrengend. Sie müssen tagtäglich gegen Ihre Natur angehen, sich verstellen, verbergen, schauspielern. Eine Zeit lang geht das sicher, wenn das Ziel attraktiv genug scheint. Nur halten Sie das nie im Leben wirklich durch: Entweder Sie stumpfen ab und werden zynisch, oder Sie führen ein Doppelleben mit gespaltener Persönlichkeit – Dr. Jekyll und Mr. Hyde.

Authentisch sein macht erfolgreich. Authentisch sein ist weniger anstrengend als sich verbiegen. Wenn ich authentisch bin, lebe ich nach meinen Werten, bin im Flow mit mir selbst. Ich bin also auf lange Sicht auch stress- und krisenresistenter. Und authentische Menschen sind besonders beliebt und hoch angesehen. Also kann ja der Erfolg schlichtweg gar nicht ausbleiben!

Authentisch sein bedeutet für mich nicht, dass ich alles immer zeige. Das wäre in bestimmten Situationen nämlich schlichtweg unprofessionell. Wenn ich meinen Mitarbeiter gerade besonders doof finde, sollte ich das nicht in falsch verstandener Authentizität einfach 1 : 1 rausplappern. Das macht kaputt und hinterlässt verbrannte Erde. Überlegen Sie stattdessen in Ruhe (mit einem gewissen zeitlichen Abstand, um sich gut zu hinterfragen), wie ein konstruktives, klares und faires Feedback aussehen kann. Und schließlich gehört ein Nicht-alles-immer-Ausplappern auch durchaus zu geschickter Taktik auf dem Karriereweg!

Grenzen sprengen? Manchmal das Falsche!

Daniel, ein Freund von mir schrieb einen Artikel übers Scheitern. Ich finde es enorm wichtig, auch darüber offen zu reden und zu schreiben: über das Scheitern, über Krisen, über Ängste und Unsicherheiten. Und nicht nur übers „Alles easy!", über „Tschakkaaa, wie geht's uns gut, wie sind wir erfolgreich, toll, schnell, begnadet!". Wir müssen diese menschlichen Tiefen aus der Tabuzone holen, anderen zeigen, dass es nicht nur ihnen so geht. Dafür sind solche Artikel wie Daniels Gold wert, zumal sein Blog viel gelesen wird.

Ein Satz von Daniel hat mich besonders nachdenklich gemacht, und ich möchte ihn nicht unkommentiert stehen lassen. Daniel schreibt u. a.:

„Ich weiß nicht, ob ich es gut finden soll, Grenzen zu haben. Aber da man welche braucht, um sie neu auszuloten und zu überschreiten, lerne ich daraus, mich damit zu arrangieren."

Stimmt: Wenn wir unsere Grenzen ausloten und genauer betrachten, können wir so manche überschreiten. Und so wieder ein Stück wachsen, weil wir uns aus der Komfortzone ein bisschen herausbewegen. Raum und Möglichkeiten dazugewinnen. Stärker, mutiger und weiter werden.

Aber: Grenzen sind meiner Meinung und v. a. auch meiner Erfahrung nach nicht nur dazu da, sie zu überwinden! Grenzen – vor allem, wenn sie sich schmerzhaft bemerkbar machen und sich aufzeigen, sind auch dazu da, sie **hin und wieder** zu akzeptieren. Einzusehen, dass ich nicht unendlich wachsen kann. Dass meine Möglichkeiten, Ressourcen und Kräfte begrenzt sind. Dass ich Mensch bin. Oder dass es vielleicht gerade einfach nicht an der Zeit ist, diese Grenze zu überwinden. In diesem Fall ist ein „Ha, wäre doch gelacht, wenn ich nicht **auch dich** überwinden könnte wie all die anderen Grenzen!" vielleicht nicht gut.

Wir können so viel schaffen. Wir können stärker, mutiger, größer, erfolgreicher, glücklicher sein, als wir es je für möglich halten. Wenn wir uns trauen, uns fürs Wachstum entscheiden und Grenzen überwinden. Damit Hand in Hand sollte jedoch immer auch ein gerüttelt Maß an Demut gehen, an Selbstfürsorge und an Achtsamkeit. Wir sollten genau hinhören, was gerade dran ist: Wachstum und Grenzen überwinden – oder Innehalten und Grenzen akzeptieren.

Manchmal sind die Grenzen schlauer als wir. Manchmal wollen sie uns sagen: „Schau hin, hier ist erst mal für den Moment Schluss. Das tut dir gut – glaub uns. Vertrau uns!"

Nicht umsonst bin ich immer wieder gegen diesen populären Spruch: „Stillstand bedeutet Rückschritt." Nein! Stillstand kann auch kluges und gesundes Innehalten bedeuten.

Hören wir also genau hin. Und finden wir heraus, wann es wichtig für uns ist, Grenzen zu sprengen, um zu wachsen – und wann es uns guttut, Grenzen zu respektieren.

Und noch eine weitere Betrachtungsweise von Grenzen gibt es:

Ich arbeite seit Jahren für Kindergärten und dort ist das Top-1-Thema für Elternabende „Kinder brauchen Grenzen."

Eltern haben oft Skrupel, zuviele Grenzen zu setzen aus Mitgefühl mit dem Kind, sie sagen mir dann:

„Ach, der Ernst des Lebens kommt noch früh genug, jetzt soll mein Sohn/meine Tochter erstmal so frei wie möglich aufwachsen, Grenzen beschränken die Freiheit und engen ein."

Diese Eltern lade ich zu einem Perspektivenwechsel ein. Statt Grenzen als be-grenzend, einengend, die Freiheit einschränkend zu sehen, betrachten Sie es doch mal so:

INNERHALB von Grenzen, die auch Schutz bedeuten können, kann ich mich frei bewegen, kann ich mir sicher sein und bin innerhalb meiner Komfortzone.

Gehen Sie spielerischer mit Grenzen um!

Stolperfallen und wie ich mit ihnen umgehe

Falle 1: Die Präsentation muss perfekt sein

> *Wie kriege ich nur von gestern auf heute ein perfekte Präsentation hin?*
>
> *Seit gestern wissen Sie es, seit gestern ist Ihnen schlecht! Auf der ersten großen Projektpräsentation vor Ihrem wichtigsten Kunden sollen Sie einen wichtigen Teil übernehmen – dies hat Ihr Chef gestern beschlossen. Sie seien schließlich von Anfang an dabei und außerdem würde er sich gerne mal ein umfassenderes Bild über Ihre Fähigkeiten machen, so lange seien Sie ja schließlich noch nicht im Unternehmen. Na toll! Und jetzt?*
>
> *Ihnen schlottern die Knie, geschlafen haben Sie kaum, Sie wissen gar nicht, wo Sie anfangen sollen, wahre Horrorszenarien spuken durch Ihren Kopf: Angefangen von technischen Pannen bei der Präsentation, über unvermutete Fragen bis hin zum kompletten Black-out. Und dann setzt sich zu allem Überfluss noch dieser grauselige Satz in Ihrem Kopf fest: „Die Präsentation muss absolut perfekt sein!"*

Nein, muss sie nicht! Stopp! Machen Sie sich bitte nicht verrückt. Sie wird gut, die Präsentation, vielleicht sogar sehr gut – das reicht völlig. Das reicht für die Kunden und das reicht auch für Ihren Chef. Wenn Sie absolut perfekt sein wollen, werden Sie weiterhin schlecht schlafen, Ihnen wird weiterhin schlecht sein, Sie werden diverse Bretter vor dem

Kopf haben, die großen grünen Schreckgespenster in Ihrem Kopf werden wachsen und wachsen … und letztendlich wird es dann mit Sicherheit **keine** gute Präsentation werden.

Nein, zum wiederholten Male: Gut reicht völlig.

Worum geht es? Es geht darum, dem Kunden einen umfassenden und aktuellen Einblick in Ihre Projektarbeit zu liefern (Sie müssen keinen Pitch gewinnen – Ihre Firma **hat** den Auftrag schon!), ihn auf den neuesten Stand bringen. Und Ihr Chef möchte die Gelegenheit nutzen, Sie besser kennenzulernen: Sie können also endlich mal so richtig punkten, Ihre Fähigkeiten zeigen und beweisen, wie gut Sie in dieses Kundenprojekt eingearbeitet sind. Eine große Chance also – packen Sie es an!

Hier ein paar Impulse für eine sehr gute Präsentation:

Zutaten einer gelungenen Präsentation:

- Sehr gute Vorbereitung, Infos auf Aktualität überprüfen, alle Beteiligten nach Input fragen!
- Überlegen: Was braucht der Kunde, was befürchtet er, was beruhigt und begeistert ihn?
- Wenige Charts mit wenigen Infos in großer Schrift.
- Reden Sie bitte frei, mit lebendiger Gestik und halten Sie Blickkontakt!
- Bringen Sie konkrete Beispiele, kreieren Sie Bilder im Kopf des Kunden, sprechen Sie die Emotionen an.
- Bauen Sie Überraschungen ein, gestalten Sie die Präsentation interaktiv.
- Es darf auch gelacht werden! Professionelles Auftreten, harte Fakten und Humor ergänzen sich bestens!

Kommen Sie überpünktlich, überprüfen Sie in aller Ruhe die Technik, führen Sie noch ein wenig Smalltalk mit dem Kunden … und gehen Sie vorher noch einmal für fünf Minuten auf die Toilette zur kurzen Entspannung!

Und kommen Sie bitte nicht auf die Idee, sich zur Perfektionierung der Präsentation womöglich mit fremden Federn zu schmücken und Kollegen heimlich helfen zu lassen. Entweder Sie präsentieren **gemeinsam** oder es ist **Ihre** Präsentation – authentisch, ungetürkt und kompetent. Nutzen Sie die Chance, sich von Ihrer besten Seite zeigen zu können – **Ihrer** besten, nicht **der** besten! Es kann von großem Vorteil für Sie sein, dass Sie sich vorbereitet und gezielt Ihrem Chef präsentieren können, mit den Schwerpunkten und Highlights, die Sie selbst bestimmen.

Falle 2: Ich muss der perfekte Mitarbeiter sein

Bei einem Fehler bin ich weg vom Fenster

Es gibt einerseits erfahrenere Kollegen und andererseits auch jüngere als Sie. Die Wirtschaftskrise ist noch nicht überwunden, auch an Ihrer Firma ist sie nicht spurlos vorübergegangen. Einige Abteilungen sind „gesundgeschrumpft" worden, Stellen wurden eingespart, mehr Arbeit auf weniger Schultern verteilt. Und zudem gehört Ihr Chef zu der wirklich anspruchsvollen Sorte, der auch mit Kritik nicht hinter dem Berg hält.

Und deshalb wächst der Druck – und damit auch vor allem der Druck, den Sie sich selbst machen. Richtig?

> *Da sind sie wieder, die Gruselsätze im Kopf: „Ich darf mir kei-*
> *nen Fehler erlauben, sonst bin ich weg vom Fenster!" oder*
> *„Die Kollegen sind alle jünger/besser ausgebildet/erfahrener,*
> *ich werde sicher bald abgesägt." Und vor allem: „Ich muss*
> *perfekte Performance liefern und besser als die anderen*
> *sein, sonst habe ich das Nachsehen!" oder „Ich muss mich*
> *jetzt pausenlos mit perfekter Leistung hervortun, damit mein*
> *Chef mich behält."*

Verständlich, dass solche Gedanken in Krisenzeiten aufkom-
men. Verständlich – aber absolut anstrengend und vor allem
ausgesprochen kontraproduktiv! Solche Gedanken, Schreckgespenster und Sätze rauben Ihnen die Energie, machen
Sie schlaflos und nervös und zimmern Ihnen im Zweifelsfall
genau jenes Brett vor den Kopf, das dann dafür sorgt, dass
Sie wirklich keine gute Leistung mehr bringen!

Das alles ist natürlich leichter gesagt als getan. Leider gibt es
keinen On/off-Schalter im Kopf, mit dem wir solche lähmen-
den Gedanken einfach ausknipsen können. Aber festzustel-
len, dass uns diese Gedanken nicht helfen, sondern behin-
dern und letztendlich krank machen, ist ein erster wichtiger
Schritt. Ab dem Moment passiert das Ganze nämlich nicht
mehr unterbewusst und somit können wir anfangen, darauf
Einfluss zu nehmen, Schritt für Schritt.

Ich gebe Ihnen ein paar Impulse, die Sie zum Nachdenken
anregen sollen bzw. als Einladung zum Perspektivwechsel
verstanden werden können.

Liste der Erfolge und Leistungen anlegen

Impuls

Machen Sie sich in einer stillen Stunde eine Liste über die Erfolge und Leistungen, die Sie in den letzten ein, zwei oder fünf Jahren erbracht haben. Alle Details bitte, lassen Sie nichts aus!

Wenn wir in einer gedanklichen Negativspirale stecken, dann haben wir Scheuklappen auf! Dann sehen wir nur, dass **vermeintlich alle** anderen besser sind, mehr leisten, fitter, jünger und hübscher sind. Und das ist natürlich ausgemachter Blödsinn! Sie haben seit Jahren Ihren Job und haben ihn zum jetzigen Zeitpunkt immer noch – also kann Ihre Performance nicht **so** schlecht sein, oder?

Also: Machen Sie sich eine genaue Liste – und vergessen Sie auch nicht die vielen „kleinen" Projekte und Leistungen, die Sie für ganz selbstverständlich halten, weil es doch Ihr Job ist! Gute Leistung und Performance das sind nämlich nicht nur die herausragenden Highlights, die Pitch-Gewinne, die größten Akquise-Erfolge, die sprunghaften Umsatzsteigerungen oder die eigenhändige Gründung neuer Geschäftsfelder.

Gute Leistung ist auch die (Ihnen vielleicht so selbstverständlich erscheinende) Alltagsleistung – wenn Sie „einfach nur Ihren Job gut machen". Sie müssen sich gar nicht jeden Tag fünf Beine ausreißen und vier Überstunden machen! Das Mitdenken, das verlässliche und eigenverantwortliche Erledigen von Aufgaben, das kleine Quäntchen mehr Engagement jeden Tag statt sturem Dienst nach Vorschrift, der kreative Input mit guten Ideen ab und zu – all das ist schon so viel mehr, als Sie vermuten. Dienst nach Vorschrift, innerliche Kündigung, Schlag 17 Uhr den Stift fallen zu lassen und sich lieber vor der Arbeit zu drücken als „Hier!" zu rufen: All dies ist leider viel weiter verbreitet, als Sie glauben. Ganz zu schweigen von den unzähligen echten Low-Performern, die nicht nur nichts nützen, sondern oft regelrecht schaden, weil Arbeit liegen bleibt, Kunden verprellt werden und massive Fehler gemacht werden!

Also: Stellen Sie Ihr Licht nicht unter den Scheffel und beschließen Sie ganz bewusst, dass Sie Ihre Perspektive erweitern und sich jetzt mal auf Ihre Leistungen und Erfolge konzentrieren! Jetzt!

Feedback einholen

Impuls

Holen Sie sich konstruktives und ausführliches Feedback von Ihrem Chef und Ihren Kollegen!

Selbstbild und Fremdbild klaffen häufig stark auseinander! Gerade wenn wir unsicher sind, hören wir die Flöhe husten, interpretieren jeden strengen Blick des Chefs als Kritik und sehen selbst nur noch unsere Fehler.

Wenn Ihnen das so geht – machen Sie sofort einen Termin mit Ihrem Chef und holen Sie sich mal wieder ein ausführliches Feedback. Wo stehen Sie, wie beurteilt Ihr Chef Ihre aktuelle Arbeit und Ihre Leistungen, was wünscht er sich, was schlägt er Ihnen vor?

Konstruktives Feedback ist Gold wert, Sie werden sehen. Sie können sich dadurch besser einzuschätzen lernen, wissen um die Stellschrauben, mit denen vielleicht noch ein wenig mehr möglich ist, und Sie können stolz sein auf Lob und Anerkennung.

Chefs vergessen im Alltagstrubel gerne mal, Anerkennung offen auszusprechen, gute Leistung nicht für selbstverständlich zu halten und nicht nur mit dem Mitarbeiter zu reden, wenn er Fehler gemacht hat. Wünschenswert wäre es, wenn er selbst ab und zu von sich aus käme – ja. Aber wenn er es eben im Trubel vergisst, dann holen Sie sich das Feedback selbst. Ein von Ihnen eingefordertes Feedback ist vom Chef nicht minder ehrlich gemeint und wertvoll.

Genauso wertvoll ist das Feedback von Kollegen, die täglich mit Ihnen zusammenarbeiten und deshalb Ihre Leistung sehr gut beurteilen können. Fragen Sie sie!

• Bitten Sie zum Beispiel Ihre Kollegin vor Ihrer Präsentation beim Meeting, ein wenig genauer hinzusehen und Ihnen hinterher Feedback zu geben.

• Fragen Sie einen Kollegen, wie er Ihre Beiträge in der Gruppendiskussion beurteilt.

• Bitten Sie um ehrliche Meinung darüber, wie Ihre Projektbeteiligung in letzter Zeit zu beurteilen ist.

Ganz wichtig dabei: Sie dürfen sich aussuchen, von wem Sie sich Feedback holen! Das soll nicht heißen, dass Sie sich nur Kuschel- und Schön-Wetter-Feedback holen sollen. Aber gehen Sie nicht unbedingt zu den Neidern, zu den Kollegen, die Sie sowieso schon auf dem Kieker haben – sondern suchen Sie sich die Ihnen wohlgesonnenen, von denen Sie wirklich konstruktives Feedback, Engagement und Offenheit erwarten können.

So bekommen Sie ein umfassenderes Bild von Ihrer Leistung und außerdem erhalten Sie sicher wertvolle Hinweise, in welchem Bereich Sie noch etwas tun oder verändern können.

Ziele festlegen

> *Impuls*
>
> Machen Sie sich einen konkreten Plan: Was möchten Sie beibehalten, was wollen Sie verändern, was möchten Sie lernen, in welche Richtung wollen Sie sich entwickeln?

Jetzt haben Sie also einen aktuellen und umfassenden Blick auf Ihre Leistungen und Ihr Können, sowohl als Selbst- als auch als Fremdbild. Nun können Sie sich entscheiden: Lehnen Sie sich jetzt erst einmal erleichtert und entspannt zurück, weil Sie deutlich besser dastehen, als Sie gedacht haben? Wenn Sie diese Entscheidung treffen: Glückwunsch – darauf ein Gläschen Champagner!

Vielleicht haben Sie aber auch Lust bekommen, ein wenig an Ihrem Profil zu feilen und dazuzulernen. Überlegen Sie dafür:

• In welchem Bereich wäre eine kleine Auffrischung in Form einer Weiterbildung angebracht?

• Gibt es in der Firma dafür ein Budget?

Wenn es nicht gleich eine Weiterbildung sein soll:

• Welche interessanten Fachkongresse oder -messen können Sie mal wieder besuchen?

• Oder gibt es empfehlenswerte neue Fachliteratur, in die Sie mal die Nase stecken könnten?

Das erweitert Ihren Horizont, zeigt Ihr Interesse an Weiterentwicklung und bringt Ihnen sicher viele neue Impulse und Ideen.

• Welche Aufgaben haben Ihnen in letzter Zeit besonders viel Spaß gemacht?

• In welchen Bereichen waren Sie besonders erfolgreich?

Darauf könnten Sie sich spezialisieren in Ihrer Abteilung: Machen Sie mehr von dem, was Sie besonders gut können und besonders gern tun!

Welche Aufgaben machen Sie zwar nebenbei mit, jedoch ohne besondere Begeisterung? Vielleicht brennt Ihr Kollege dafür ganz besonders – verteilen Sie also Aufgaben um. So macht jeder das, was er besonders gut und gerne tut – der Erfolg wird nicht ausbleiben.

So – und wenn Sie all dies getan haben, machen Sie sich bitte klar: Es reicht völlig bzw. ist mehr als genug, wenn Sie **Ihr Bestes** geben. Sie müssen nicht **der/die Beste** sein! Eigenverantwortliche, kreative und zuverlässige Mitarbeiter sind in jedem Unternehmen unersetzlich. Sie sind aktiv, zeigen Ihr Engagement und Ihre Leistung, entwickeln sich weiter – gut so. Überfordern Sie sich nicht mit dem Vorsatz, unerreichbar perfekt sein zu wollen.

Falle 3: Als Selbstständiger muss ich stets besser als die Konkurrenz sein

Ein weites Feld, in dem sich häufig ungesunder Perfektionismus tummelt, ist die Selbstständigkeit. Hier gibt es kaum ein Regulativ, weil ein bisschen erfolgreicher ja immer noch ginge, mehr Kunden doch schön wären und eine Expansion des Unternehmens für mehr Umsatz sorgen würde. Und man kann an jedem Ende immer weiter optimieren – am Markenkern, an der Produkt- und Angebotspalette, an der richtigen Zielgruppe, am Web-Auftritt und Corporate Design, am Elevator Pitch, am Slogan, der Arbeitsweise und den Preisen. Never ending story!

Und da ich als Selbstständige ja nach allgemeinem Dafürhalten nie Feierabend oder gar frei habe („Selbstständigkeit ist selbst und ständig". Was für ein ausgemachter Blödsinn! Selbstständige brauchen genauso Pausen und Zeiten der Muße! Lassen Sie sich das bitte gesagt sein von einer seit 22 Jahren Selbstständigen.), ist die Gefahr umso größer, dass ich auch ständig feile und optimiere und perfektioniere.

In meinem Freundes- und Bekanntenkreis sind wir viele Selbstständige und alle können von dieser Gefahr sicher ein Lied singen. Wie sie nicht abschalten und Ruhe geben können, wie die Existenzangst sie immer weiter in die Überstunden und irgendwann in die Burn-out-Gefahr drängt, wie sie sich verzetteln, weil sie an allen Ecken zugleich perfektionieren wollen, und wie sie damit irgendwann auch den Blick fürs rechte Maß verlieren – nicht mehr sehen, wann es mal genug ist und einfach nur gut laufen darf.

Selbstverständlich ist es für Selbstständige wichtig, sich nie lange auf verdienten Lorbeeren, erzielten Gewinnen oder gewonnenen Kunden auszuruhen. Professionelle Selbstständigkeit bedeutet Weiterentwicklung, Weiterbildung, Anpassung an neue Marktgegebenheiten und regelmäßige Akquise. Ja. Aber nicht ständig und immerzu, 24 Stunden am Tag. Und manchmal ist es auch gut, den Status quo einfach nur aufrechtzuerhalten. Und manchmal – Überraschung! – darf man sich auch mal eine Zeit lang auf seinen Lorbeeren ausruhen, stolz sein und genießen.

Ich stelle fest, dass es irgendwie anscheinend mächtig trendy und cool erscheint, ständig auf Achse zu sein, immer in Bewegung – schneller, höher, weiter, laufen, rennen, hetzen ... bloß nie stehen bleiben!

Immer wieder lege ich mich online wie offline mit Kollegen an, die diesen unsäglichen Satz mantraartig wiederholen und für eine unumstößliche Wahrheit halten: „Stillstand bedeutet Rückschritt."

Ja, manchmal bedeutet Stillstand Rückschritt. Wenn man beginnt, bequem zu werden als Selbstständiger, sich in Sicherheit glaubt, weil man ja ein paar gute große Kunden hat und Akquise nicht mehr braucht. Wenn man den Markt und die Konkurrenz nicht mehr im Auge hat – dann sind sie schneller links neben einem vorbeigerauscht, als man denkt.

Dann bedeutet Stillstand Rückschritt und der Selbstständige ist unter Umständen ganz schnell weg vom Fenster.

Alles mal von außen betrachten

 Impuls

Bleiben Sie auch mal stehen und nehmen Sie Abstand: Klettern Sie auf Ihren inneren einsamen Berg und betrachten Sie sich aus der Distanz.

Aber oft bedeutet meines Erachtens Stillstand eben auch Innehalten! Anhalten und schauen, wo ich stehe. Wie es mir geht. Was ich alles habe. Wie weit ich bislang gekommen bin. Innehalten zum Konsolidieren. Innehalten zum Luftholen, zum Durchatmen.

Wenn Sie die berufliche Hektik mal wieder allzu sehr in ihren Klauen hat, dann machen Sie einen bewussten Break! Fahren Sie vielleicht mal ein Wochenende weg und beschäftigen Sie sich in Ruhe damit, wo Sie gerade stehen.

Idealerweise machen Sie das regelmäßig: Zum Jahresbeginn bzw. Ende des vergangenen (Geschäfts-)Jahres oder, noch besser, einmal im Quartal. Wenn Sie dies regelmäßig tun, verlieren Sie Ihre Ziele und Vorhaben nicht so schnell aus den Augen bzw. können schneller nachjustieren, wenn Ihre Geschäfte gerade beginnen, in eine falsche Richtung zu laufen. Sie können diese Zeit entweder dazu nutzen, sich konkrete Gedanken für die nächsten Schritte zu machen – dazu später mehr. Oder Sie gehen es umfassender, quasi ganzheitlicher an und fragen sich:

- Macht mir meine Arbeit noch Spaß?

- Brenne ich noch dafür und kann mich begeistern?

- Hat das, wie mein Business gerade läuft, noch etwas zu tun mit meinen ursprünglichen Plänen?

- Habe ich meine Träume und Visionen noch im Blick oder sind sie inzwischen ein wenig verloren gegangen?

- Gab es in letzter Zeit eine Weggabelung, an der ich falsch abgebogen bin?

- Stimmt meine Gesamtausrichtung noch?

So ein Kurztrip auf den inneren einsamen Berg ist auch eine hervorragende Möglichkeit, Ihrem vielleicht übertriebenen Perfektionismus ein wenig Einhalt zu gebieten. Wenn Sie stehen bleiben, durchatmen und genau hinsehen, dann bemerken Sie vielleicht, dass Sie gar nicht an fünf Enden brennen und aktiv sein müssen, dass weniger vielleicht mehr ist.

Anders, nicht besser sein

Impuls

Sie müssen nicht besser als die gesamte Konkurrenz sein. Weil Sie auch nicht alle Kunden brauchen. Seien Sie lieber anders – das ist besser als „besser"!

Woran wollen Sie messen, ob Sie „besser" als die Konkurrenz sind? An der Anzahl der Kunden? Am Umsatz? An den Veröffentlichungen über Ihr Unternehmen? An gewonnenen Preisen? An Referenzen? Wann ist es genug?

Sie sehen, so ein „besser" ist extrem schwer festzulegen – es gibt keinen allgemeingültigen Maßstab, schon gar nicht quer durch die unterschiedlichsten Branchen. Und immer dann, wenn kein eindeutiger Maßstab existiert, ist dem Perfektionismus Tür und Tor geöffnet. Weil immer noch mehr geht. Weil es scheinbar nie reicht. Weil Ausruhen nicht sein darf, weil man dann sofort von der Konkurrenz überholt wird.

Ich empfehle Ihnen einen Perspektivwechsel: Haben Sie nicht den Ehrgeiz, **besser** zu sein – haben Sie den Ehrgeiz, **anders** zu sein. Finden Sie die berühmte Nische, die vielleicht nur Sie besetzen oder nur ganz wenige andere.

Das Anderssein kann sich in unterschiedlichen Bereichen zeigen:

- Sie bedienen eine ganz konkrete, kleine Zielgruppe (z. B. nur die Einkäufer familiengeführter Unternehmen bis 300 Mitarbeiter oder weibliche Existenzgründer im Alter bis 30 Jahre).

- Sie entscheiden sich dafür, nur sehr regional Ihre Produkte bzw. Dienstleistungen anzubieten: z. B. nur 100 km um Ihren Unternehmenssitz herum.

- Sie spezialisieren sich innerhalb Ihres ursprünglichen Angebots noch weiter: Sie sind dann z. B. nicht der gute Grafiker fürs Corporate Design, sondern der Spezialist für besonders gelungene Logos. Oder Sie sind nicht einfach Business-Coach, sondern der Coach für junge Frauen, die in die Geschäftsleitung ihres Familienbetriebs einsteigen.

- Sie haben eine andere Preisgestaltung als andere – vielleicht können Sie ja über ein spezielles Baukastensystem nachdenken.

Ein „Anderssein" hat noch einen weiteren Vorteil: Hier können Sie noch viel authentischer agieren, das sind **wirklich ausschließlich Sie selbst**.

Ich bin natürlich auch Business-Coach, bin Trainerin, Speaker und Buchautorin – davon gibt es ziemlich viele. Ich bin aber vor allem Bettina Stackelberg, die Frau fürs Selbstbewusstsein® – und die gibt es ganz genau einmal!

Noch etwas aus eigener Erfahrung: Sie müssen nicht allen gefallen mit Ihrem Angebot! Entweder, weil Sie sowieso Einzelunternehmer sind und nie im Leben alle Kunden bedienen könnten. Oder weil Sie und Ihr Team viel besser damit fahren, die richtigen Kunden anzusprechen, die gerne wiederkommen und mit denen es auch leicht gehen darf.

Die nächsten Schritte planen

Impuls

Machen Sie sich auf dem inneren einsamen Berg konkrete Gedanken darüber, wohin Sie wollen.

Wenn Sie eher ein Freund von **konkreten** nächsten Schritten sind, dann können Sie Ihren Perfektionismus natürlich auch anders ausbremsen, und zwar mit ganz konkreten nächsten Schritten. Konkrete Schritte halten Sie nämlich davon ab, in die allumfassende große Angst zu kippen, dass es nie reicht und nie klappen wird und immer alle besser sein werden. Planen Sie Ihre nächsten Schritte in Ihrer kleinen Auszeit – das könnten zum Beispiel folgende Überlegungen sein:

• Wollen Sie eher **im** oder **am** Unternehmen arbeiten? Will heißen: Möchten Sie gerne weiterhin direkt am Kunden und der Kernarbeit sein oder eher expandieren, Mitarbeiter einstellen und in Zukunft eher konzeptionell arbeiten? Oder möchten Sie vielleicht in eine Kooperation treten mit anderen Unternehmen?

- Welches Produkt/welche Dienstleistung funktioniert besonders gut/leicht/effektiv? Nach dem Motto: Wenn es funktioniert, mach mehr davon. Wenn es nicht funktioniert – weg damit!

- Dasselbe gilt für Ihre Zielgruppe: Ist diese noch aktuell und passend definiert? Oder hat sich in letzter Zeit eine Verschiebung hin zu anderen Interessenten gezeigt? Dann bedarf es vielleicht einer Neuausrichtung, auch in der Corporate Identity.

- Sind Sie noch spezialisiert genug oder hat sich mit der Zeit eine Art allumfassender Bauchladen in Ihrem Unternehmen eingeschlichen? Weil vielleicht Kunden auch diese oder jene Dienstleistung irgendwann mal angefragt haben und Sie sie dann in Ihr Portfolio mit aufgenommen haben? Verzetteln Sie sich dadurch und verwässern Sie Ihr Angebot? Dann raus damit!

- Haben Sie eigentlich bald Jahrestag? Dann wäre vielleicht einfach mal eine schöne Feier angesagt – fünf Jahre seit Firmengründung, der 100. Kunde, der 50. Auftrag – oder vielleicht einfach, weil gerade Montag ist? Belohnen Sie sich für den bisherigen Erfolg, klopfen Sie sich und Ihren Mitarbeitern mal heftig auf die Schultern – feiern Sie!

Ein letzter Punkt ist mir beim Thema übergroßer Perfektionismus bei Selbstständigen wichtig:

Manchmal hat die Unzufriedenheit, das ständige Hamster-im-Rad- oder Nie-ist-es-genug-Gefühl von Selbstständigen eine ganz andere Ursache: Manchmal ist die Selbstständig-keit vielleicht einfach die falsche Entscheidung gewesen.

Selbstständigkeit ist manchmal nicht der richtige Weg

Eine Bekannte von mir war drei Jahre selbstständig, sie arbei-tete als wissenschaftliche Lektorin. Bald begann sie, wirklich regelrecht zu leiden: Sie vereinsamte in ihrem Homeoffice, sie war absolut nicht der Typ, der gerne akquirierte, sie maßregelte sich selbst ständig, weil sie es nicht auf die Reihe bekam, weil andere doch auch erfolgreich sind, weil sie es wohl einfach nicht drauf hätte, wie sie sich selbst immer wieder ausschimpfte.

Wir führten viele Gespräche darüber, wie es besser klappen könnte, wo Kunden und Aufträge herkommen und wie es ihr mehr Spaß machen könnte in ihrem Büro daheim.

Irgendwann schlich sich in unsere Unterhaltung dann ein anderes Thema ein: Wie schön es doch damals war, als sie noch im Team gearbeitet habe. Wie gern sie morgens auf-gestanden und ins Auto gestiegen sei, um in die Firma zu fahren. Wie angenehm es gewesen sei, Aufgaben zu erhal-ten und sich keine Gedanken darüber machen zu müssen, wo Kunden herkommen. Wie entspannend das regelmäßige Gehalt gewesen sei.

Liebe Selbstständige – es ist **kein** Scheitern, wenn Sie ir-gendwann merken, dass Sie doch lieber wieder angestellt sein möchten. Es ist kein Scheitern und es ist kein Makel!! Im Gegenteil: Es ist mutig, es ausprobiert zu haben, eine Weile mit Biss drangeblieben zu sein und dann einen selbst-bewussten klaren Entschluss zu fassen.

Das hat im Übrigen meine Bekannte dann auch gemacht: Inzwischen ist sie wieder sehr glücklich in einer Festanstellung. Und ist um viele Erfahrungen reicher, die sie nicht missen möchte – und sie kann in den Spiegel sehen und sich sagen: Ich habe es ausprobiert und daraus viel gelernt. Ich muss nie damit hadern, ob es vielleicht etwas für mich sein könnte.

Falle 4: Ich muss ständig erreichbar sein

Wenn jemand über Ihre Zeit zu verfügen glaubt …

Ich hatte einmal einen potenziellen neuen Kunden, der rief eine Stunde, nachdem er mir eine Mail geschrieben hatte, bei mir an, um sich zu erkundigen, warum ich noch nicht geantwortet hätte. Eine Stunde danach!

Kennen Sie ähnliche Situationen? Haben Sie einen Chef, der selbst noch um 23 Uhr Mails schreibt und die Antwort vor dem nächsten Arbeitstag erwartet? Oder einen Kunden, der Sie besonders gern sonntagabends um 20.30 Uhr anruft? Oder Kollegen, die es befremdlich finden, wenn Sie mal Ihr Handy ausgeschaltet haben?

60 Prozent der Arbeitnehmer müssen laut einer DGB-Untersuchung auch in ihrer Freizeit erreichbar sein, 33 Prozent sogar oft oder sehr oft.

Der Fehlzeiten-Report 2012 des Wissenschaftlichen Instituts der AOK zeigt auf, dass sich immer mehr Arbeitnehmer u. a. durch die ständige Erreichbarkeit stark überlastet fühlen (außerdem durch Überstunden und immer längere Arbeitswege).

Das wundert mich nicht im Geringsten. Flexiblere Arbeitszeiten – prima! Möglichkeiten zum Homeoffice – sehr gut!
Smartphones und mannigfaltigere Kommunikationsmög-
lichkeiten – eine tolle Erfindung! Aber alles im rechten Maß,
bitte.

Der althergebrachte Nine-to-five-Job hat ausgedient und
das ist gut so. Wenn ich im kreativen Flow bin, hänge ich
gerne eine Stunde hinten dran an meinen Arbeitstag. Wenn
die Deadline ruft, ist es vernünftig, nicht Schlag Büroschluss
den Stift fallen zu lassen, weil das ganze Team sonst gewal-
tigen Ärger bekommt. Wenn es beim Kunden eine massive
Krisensituation gibt, lasse ich mein Handy auch mal am
Wochenende auf Empfang.

Arbeiten nach dem kreativen Flow oder Biorhythmus

*Ein junger Freund, 26-jährig, der für seine Arbeit voller Be-
geisterung brennt, ist sicher nicht burn-out-gefährdet, nur
weil er nach Feierabend in der Kneipe beim Bier noch zwei
Stündchen weiter an der Kundenpräsentation bastelt.*

*Ich selbst schreibe an meinen Büchern in der Regel dann,
wenn gute Ideen kommen – das ist dann auch mal sonntags
abends.*

*Und in einer befreundeten Werbeagentur laufen die Ge-
schäfte u. a. auch deshalb so gut, weil jeder Mitarbeiter
nach seinem eigenen Biorhythmus arbeiten kann – der eine
morgens um 6 Uhr, der andere abends um 22 Uhr.*

So weit, so gut. Dies ist alles noch vertretbar, nachvollziehbar
und gesund.

Wenn daraus allerdings eine massive Überlastung wird, wenn man von Ihnen grenzenlose 24-Stunden-Erreichbarkeit erwartet, dann wird es sehr bedenklich!

Seien Sie kein Sklave Ihres Smartphones. Gehen Sie auf Entzug! Provokant formuliert, nicht wahr? Ja, manchmal wird ständige Erreichbarkeit regelrecht zur Sucht. Wir leiten daraus unsere Bedeutung und Wichtigkeit ab – wer so sehr gefragt ist rund um die Uhr, muss wichtig sein und gebraucht werden. Wir identifizieren uns dann viel zu sehr mit unserem Job, unserer Arbeit. Wehe, wenn das Telefon weniger häufig klingelt, wehe, wenn ich nur noch 50 statt 100 Mails am Tag bekomme – dann stimmt was nicht.

Und aus dieser Falle kommen wir nur heraus, wenn wir wirklich etwas kapiert haben und eigenverantwortlich Entscheidungen treffen.

Arbeitsministerin Ursula von der Leyen forderte kürzlich ein E-Mail- und Anrufverbot nach Feierabend. Mit Verordnungen und Verboten werden jedoch nur die Symptome beseitigt, nie die Ursachen!

Ein paar Gedanken zum Weiterdenken dazu:

Wie viele Rollen vereinen Sie in Ihrer Persönlichkeit?

Impuls

Wie viele verschiedene Rollen und Seiten machen Ihre Identität aus? Stellen Sie Ihre Persönlichkeit auf mehrere Säulen.

Die moderne Resilienz-Forschung zeigt, dass wir umso besser mit Stress umgehen können, desto mehr Rollen unser Sein ausmachen.

Resilienz

Ein Mensch, der „resilient" ist, bewältigt seine Krisen, indem er auf persönliche Ressourcen zurückgreift und die Unterstützung seines sozialen Umfelds sucht. Er lernt außerdem aus seinen Erfahrungen, die er im Zuge der Krisenbewältigung gemacht hat.

Wenn wir uns lediglich über unsere Arbeit definieren, bricht enorm viel weg, sobald wir dort Schwierigkeiten haben oder gar unseren Job verlieren. Dann sind wir unserem Empfinden nach schlagartig nichts mehr. Wenn wir uns aber auch noch als gute Freundin, Ehefrau, Mutter und ehrenamtliche Mitarbeiterin verstehen, dann sind wir krisenfester.

Was passiert eigentlich, wenn Sie nicht ständig erreichbar sind?

Impuls

Hinterfragen Sie (erst einmal für sich selbst und dann im Gespräch mit Ihrem Chef) die Forderung nach ständiger Erreichbarkeit! Warum müssen Sie ständig erreichbar sein? Was passiert, wenn Sie es nicht sind?

Fassen Sie den Mut, dies zu tun, wenn es Ihnen zu viel wird.

• Gibt es echte, nachvollziehbare Gründe, warum diese hohe Erreichbarkeit unbedingt sein muss? Oder ist das einfach irgendwann mal „liebe" Gewohnheit geworden in Ihrer Firma?

- Schauen Sie genau hin: Verlangt Ihr Chef das von seinen Mitarbeitern nur deshalb, weil er es auch nicht anders handhabt?

- Was würde ganz konkret passieren, wenn Sie nach z. B. 21 Uhr keine Mails mehr lesen würden und Ihr Handy von 20 Uhr bis 8 Uhr abgeschaltet wäre?

Nur mal durchgespielt in Gedanken – was würde passieren? Gibt es vielleicht machbare Kompromisse – Erreichbarkeit nur unmittelbar vor Deadlines oder in akuten Krisensituationen?

Sind Sie schon handysüchtig?

Impuls

Werden Sie nervös, wenn Ihr Handy abgeschaltet ist oder Ihr Mailserver mal nicht funktioniert?

Dies ist keine Frage, die Sie sich mal so nebenbei beantworten sollten – denn dazu brauchen Sie Ruhe, Zeit und vor allem viel Mut und Ehrlichkeit sich selbst gegenüber. Dazu müssen Sie nämlich verdammt ehrlich in den Spiegel schauen.

Manchmal kommt es mir tatsächlich so vor, als sei es chic und cool, über seine Überlastung zu klagen – Burn-out ist „in" zurzeit, omnipräsent in den Medien und jeder will mitspielen. Steckst du nicht im Burn-out oder bist zumindest gefährdet, arbeitest du nicht genug bzw. bist du nicht erfolgreich genug. (Böse Formulierung, ich weiß! Ich überspitze absichtlich. Mir ist bewusst, dass es sehr viele enorm ernst zu nehmende echte Burn-out-Fälle gibt!)

Übung: Handy ausschalten, Mails nicht lesen

Probieren Sie es mal aus: Schalten Sie mal ab 18 Uhr an einem einzigen Tag Ihr Handy aus oder sehen Sie mal ein ganzes Wochenende lang nicht in Ihre Mails.

Wie geht es Ihnen damit?

Es gibt hier keine richtige und falsche Antwort. Wenn Sie merken, dass Sie nervös werden – dann gibt Ihnen das hoffentlich zu denken.

Wenn es Ihnen zu denken gibt, überlegen Sie, was Sie ändern können. Wo die Stellschrauben liegen. Wie es Ihnen besser gehen könnte. Was Sie stattdessen tun können, wenn Ihr Handy mal ein paar Stunden mehr ausgeschaltet ist.

Bitte machen Sie sich klar: Sie leisten gute Arbeit – auch ohne 24-Stunden-Rufbereitschaft.

Sie können übrigens deutlich konzentrierter arbeiten, wenn Sie Ihre Mails selbst vom Server holen und dies nicht automatisch passiert (oder gar noch mit einem akustischen Signal angekündigt wird). Tun Sie es dann, wenn es gerade gut passt. Und nicht ständig!

Seien Sie zuverlässig! Das bedeutet jedoch nicht, jede Mail innerhalb von zehn Minuten zu beantworten. Sie können auch den Eingang bestätigen und kurz bemerken, dass die ausführlichere Antwort innerhalb der nächsten zwei Tage kommt.

Machen Sie bewusste Unterschiede. Führen Sie Abstufungen ein, wann Sie für wen warum wie oft und wie lange erreichbar sein wollen.

Machen Sie sich bitte klar, dass Sie in gewisser Weise Ihre Kunden, Klienten, Kollegen auch „erziehen" können. Wer gute Gründe genannt bekommt und sich sonst auf Sie verlassen kann, der akzeptiert es auch, wenn die Mailantwort erst am nächsten Morgen kommt. Wer **wirklich** etwas von Ihnen will, der ruft auch noch einmal an. Wer Sie nur braucht, weil Sie ständig verfügbar sind – der wertschätzt Sie nicht wirklich. Erfolgreiche sind nicht ständig erreichbar – und machen sich manchmal sogar **bewusst** rar.

Ein Artikel in der Süddeutschen Zeitung, der sich mit dem Thema „Ständige Erreichbarkeit" beschäftigte, hatte den Untertitel: „Wie wir verlernen, mit uns selbst alleine zu sein."

Lernen Sie doch wieder, mit sich allein zu sein!

Falle 5: Ich muss als Mutter/Vater perfekt sein

Leistungsdruck beginnt schon früh ... auch für Eltern

„Ach, Ihr Sohn macht nicht bei der musikalischen Früherziehung mit? Also, für unseren Max ist das ja ganz wichtig!" Oder: „Ach, Ihre Tochter absolviert kein Auslandssemester? Unsere Lisa ist jetzt schon das dritte Mal im außereuropäischen Ausland unterwegs, das erweitert ja ungemein den Horizont!"

Kennen Sie solche oder ähnliche Sätze? Werden Sie dann schnell nervös oder bekommen ein schlechtes Gewissen?

Weil Sie Ihr Kind vielleicht nicht derart umfassend fördern? Weil Ihr Sohn vielleicht zum Fußball, aber nicht auch noch zum Reiten, zu Englisch und zum Klavierunterricht geht? Weil Sie Ihre Tochter **nicht** mit dem Auto in die Schule fahren, sondern sie auch bei Regen mit dem Fahrrad fahren lassen? Weil Sie nicht jede Woche in Elternsprechstunden sitzen und sich beschweren, dass die Hochbegabung Ihres Kindes immer noch nicht erkannt und gefördert wird? Weil Sie vielleicht zwei oder drei Erziehungsratgeber gelesen haben, aber keine vollständige Bibliothek davon zu Hause haben? Weil Ihr Kind vielleicht auch mal einen Apfel von Aldi bekommt und nicht nur biologisch-dynamisch-rechtsdrehende? Weil Ihr Kind auch mal ganz gepflegte Langeweile haben darf, anstatt an fünf Nachmittagen die Woche pädagogisch wertvoll gefördert zu werden?

Eine Mutter von zwei Kindern sagte mir einmal auf einem Elternabend, den ich als Referentin in einem Kindergarten abhielt: „Man muss heutzutage als Mutter oder Vater schon ganz schön selbstbewusst sein, um sich nicht ständig verunsichern und kirre machen zu lassen von den Millionen guter Tipps, Schwarzmalereien, perfekter Eltern und Erziehungsratgebern!"

Seltsam, oder? Früher ging es doch auch ohne – Generationen von Kindern sind nicht nur groß, sondern auch richtig glücklich, erfüllt und erfolgreich geworden ohne 1001 Ratschläge, Förderung und Extrabehandlung. Entweder weil es noch nicht so viele Angebote gab, die Eltern schlichtweg keine Zeit dafür hatten oder sie sich vielleicht ein Stückchen mehr auf ihren gesunden Menschenverstand verlassen hatten.

Seit 16 Jahren arbeite ich immer wieder viel für Kindergärten und ich erlebe eine deutlich zunehmende Verunsicherung der Eltern. Sie können mir zwar druckreife Vorträge darüber halten, was sie schon alles gelesen, ausprobiert, neu entdeckt haben für den Umgang mit ihren Sprösslingen, gucken mich aber trotzdem sehr ratlos an, weil sie nicht wissen, wie sie ihrem kleinen, sehr aggressiven Sohn begegnen sollen. Und noch ratloser – und auch skeptischer – gucken sie, wenn ich ihnen dann empfehle: „Setzen Sie sich einmal ganz in Ruhe hin, beobachten Sie Ihren Sohn, wenn er wieder einmal derart tobt – und versuchen Sie, nachzuempfinden, wie es ihm dabei gehen mag und was er wohl brauchen könnte in diesem Augenblick."

Wie jetzt? Hinsetzen, gucken, einfühlen? Das soll alles sein? Mehr nicht? So etwas stand aber nicht in den vielen klugen Büchern von den vielen klugen Menschen, die sich so viele goldene Nasen verdienen mit ihren Büchern, die die Verunsicherung der Eltern nur noch mehr schüren. **So einfach** kann es doch nicht wirklich sein, das muss doch viel komplexer und anspruchsvoller sein, das mit der Kindererziehung?

Kindererziehung ist anspruchsvoll, ja. Und manchmal doch so einfach, ja. Hinschauen, einfühlen. Sie brauchen kein Hochschulstudium dafür. Sondern gesunden Menschenverstand, Herz, Empathie, Offenheit, Zeit und Achtsamkeit.

Eine Mutter, der ich den gerade genannten Tipp für den Umgang mit ihrem aggressiven Kind gab, rief mich Wochen später an und erzählte: „Als er mal wieder so richtig außer sich war und herumtobte, da hab ich mich wirklich einfach mal hingesetzt, ihn beobachtet und versucht, mich in ihn hineinzufühlen. Und plötzlich kamen mir die Tränen. Mir

> *wurde schlagartig klar, dass diese Toberei unglaublich an-*
> *strengend für ihn sein muss. Er kann da nicht wirklich Spaß*
> *dran haben. Und dann habe ich ihn ganz, ganz fest in den*
> *Arm genommen."*

Kinder brauchen Verlässlichkeit, Sicherheit, Klarheit und Liebe. Dazu müssen Eltern nicht Gott weiß was **tun**, das Da-Sein, das zuverlässige Einfach-da-Sein ist oft schon so viel wert. Kinder wollen keine enorm angestrengten Eltern, die krampfhaft versuchen, alles, aber auch wirklich **alles** richtig zu machen.

Und hinzu kommt, dass Kinder vor allem authentische El-tern brauchen! Wenn Sie also ständig nach angelesenen Ratgebern erziehen und deren Tipps versuchen, umzusetzen – und daneben aber eigentlich ein ganz anderer Mensch sind: Dann kommt beim Kind eine schräge Doppelbotschaft an und das verwirrt: „Liebe Mama, lieber Papa – was denn nun!?"

Kinder lernen am besten durch Vorbilder und nicht durch theoretische Konstrukte, Expertenmeinungen oder aktuel-le Erziehungstrends. Und außerdem sind Kinder, die sich geliebt und in Sicherheit bei ihren Eltern wissen, deutlich stressresistenter, als wir gemeinhin glauben. Ihr Kind ist nicht gleich nachhaltig traumatisiert, wenn sie es mal an-schnauzen. Es ist nicht verdorben fürs Leben, nur weil sie es oft nicht schaffen, konsequent zu sein. Machen Sie bitte Fehler, seien Sie inkonsequent, auch mal überfordert und ratlos! Schließlich können Sie es wieder ausbügeln und es bricht Ihnen auch sicher kein Zacken aus der Krone, wenn Sie sich auch mal entschuldigen bei Ihrem Kind oder Ihrem Kind Ihr Verhalten erklären.

Meine Cousine ist Lehrerin. Als ihr Sohn noch sehr klein war, erlebte ich, wie sie ihm ihre schlechte Laune oder ihre Ausraster danach in aller Ruhe erklärte und sich schon auch mal entschuldigte. Der Kleine schaute dann ganz nachdenklich und hörte interessiert und ruhig zu. Beim nächsten Mal, als sie überarbeitet durch die sehr anstrengende Klasse, die sie damals hatte, mal wieder lauter wurde, als sie wollte, sah er mich mit ernstem Blick an und meinte: „Sie meint das nicht so, die Kinder in der Schule waren heute sicher mal wieder dolle bös zu Mama!" Also alles war gut, Mama darf auch mal brüllen, weil es der Kleine nämlich durchaus verstehen kann.

Ihr Kind kann keine besseren Eltern haben, als Sie es sind! Weil es nur Sie gibt und das ist gut so. Jesper Juul, ein von mir hochgeschätzter dänischer Familientherapeut (alle, wirklich alle seine Bücher sind enorm lesenswert. Ich empfehle ja selten Erziehungsratgeber, wie Sie sich vorstellen können – aber seine Bücher sind top!) riet Eltern einmal in einem Interview mit dem Zeit Magazin (Nr. 9, 25.02.2010) Folgendes:

Seid nicht so perfektionistisch. Bis man wirklich gut ist im Erziehen, muss man mindestens vier Kinder haben. Aber glücklicherweise brauchen und wollen Kinder keine fix und fertigen Eltern. Kinder haben viel Verständnis für Fehler – sie machen ja selbst den ganzen Tag welche und lernen daraus. Eltern fragen mich ständig: Ist es erlaubt, Kindern gegenüber laut zu werden? Natürlich ist es das, man darf heulen, schreien, alles Mögliche. Kinder brauchen lebende Eltern. Sie brauchen keine Schaufensterpuppen.

Also: Bleiben Sie Mensch!

Falle 6: Ich muss perfekt sein in Hobby und Sport

Ich bin immer mal wieder auf Netzwerkveranstaltungen, Abendevents oder interessanten Kongressen und Tagungen. Da kommt man ja in Kaffeepausen oder abends mit vielen neuen Menschen ins Gespräch. Und seit einiger Zeit fällt mir Folgendes auf: Ich höre immer seltener auf die Frage nach ihren Hobbys Menschen zum Beispiel antworten: „Ach, ich les ganz gern und hin und wieder lauf ich ein bisschen durch den Stadtpark." Viel öfter höre ich Antworten wie diese:

> *Michael L., 42 Jahre, selbstständiger Grafiker*
>
> *Hobbys? Nun, ich habe seit Jahren jeweils ein Abo fürs The-ater und für die Oper. Dann diskutiere ich gerne zweimal im Monat in unserem Lesekreis über die Neuerscheinungen im Roman- und Philosophiebereich. Und dann bereite ich mich gerade wieder auf den New-York-Marathon vor, in Berlin habe ich dieses Jahr schon teilgenommen.*

Tja. Also wenn ich ehrlich bin, antworte ich persönlich auf die Frage nach meinen Hobbys: Ich koche gerne für Freun-de, les ab und zu gerne und mach Yoga. Punkt. Ich koche hin und wieder gern mal für Freunde! Veranstalte also kein wöchentliches 8-Gänge-Menü für 15 Personen. Ich les ganz gern mal ein Buch! Aber auch immer wieder mal gern die GALA oder BRIGITTE. Und ich mache sehr gerne Yoga. Komm aber manchmal wochenlang nicht dazu. Und manch-mal tue ich leidenschaftlich gerne das, was meine beste Freundin stets als die beste aller Möglichkeiten zur Erholung deklariert: Einfach nur sitzen und dumm gucken. Oder wie es der wunderbare Gerhard Polt einmal ausdrückte:

„Ich sinnlose vor mich hin – und das mit Begeisterung!"

Kennen Sie noch den Begriff „Freizeit"? Frei-Zeit? Freie Zeit? Zeit also, die **nicht** durchorganisiert ist mit 1001 Terminen wie der Kalender eines Topmanagers? Zeit, in der ich mich nicht jeden Tag aufs Neue beweisen und optimal präsentieren muss? Zeit, die ich auch einfach mal so verdaddeln darf? Zeit, in der ich nichts leisten muss, wo mir keiner danach mit Beurteilung und Bewertung droht? Zeit, in der ich einfach ganz allein meinen Bedürfnissen nachgehen darf – und wenn ich im Augenblick keine hab, dann darf ich einfach auch mal **nichts** machen?

Also – wenn Sie all dies nicht (mehr?) kennen, dann sorgen Sie bitte schleunigst dafür, dass Sie Bekanntschaft machen mit solch einer Frei-Zeit! Sie werden sehen, wie schnell Sie sich in diese Zeitinseln verlieben werden und wie gut diese Zeit Ihnen tun wird!

> ## Impuls
> Ihr Hobby sollte Ihnen Entspannung und Spaß bringen – keine Anstrengung und keinen Druck!

Es ist wunderbar, wenn Sie so fit sind und solchen Spaß am Laufen haben, dass Sie für den Marathon trainieren. Nur zu! Das möchte ich Ihnen auch gar nicht ausreden.

Solange es Sie nicht belastet, anstrengt, von der dringend benötigten Ruhe abhält und letztendlich dann doch wieder krank macht. Hören Sie bitte mal in einer stillen Stunde tief in sich hinein und seien Sie ehrlich zu sich:

- Was genau ist Ihre Motivation für den Marathon? Spaß? Gesunder Ehrgeiz? Freude am Wettbewerb? Oder Ihr Perfektionsdrang, der Beste sein zu wollen?

- Könnten Sie damit leben, auch mal ein paar Tage nicht zu laufen oder nur ein halbes Stündchen durch den Park?

- Macht Ihnen das Laufen auch ohne Wettbewerb, Zuschauer und Massenauflauf Spaß?

- Können Sie sich auch vorstellen, dass man mit deutlich weniger Sport ein erfülltes Leben haben kann oder ist das für Sie ein No-Go?

Wie herrlich, wenn Sie mit Gleichgesinnten gerne über neue Bücher philosophieren oder mit Freunden ins Theater gehen. Auch hier jedoch gilt es wieder, das richtige Maß zu finden und das Ganze mit der richtigen Motivation zu machen.

- Lesen Sie gerne mal ein Buch – oder strengt Sie der Anblick der 35 ungelesenen Wälzer auf Ihrem Schreibtisch als Mahnmal eher an?

- Müssen es immer die neuesten/am heftigsten diskutierten/ am besten rezensierten Bücher sein – oder darf es auch mal ein etwas anspruchsloserer Schmöker sein?

- Können Sie ein Buch auch weglegen, wenn es Sie nach den ersten 50 Seiten nicht gepackt hat – oder quälen Sie sich immer ehrgeizig bis zum Schluss durch?

- Suchen Sie Ihre Theaterbesuche nach dem Lustprinzip aus – darf es also einmal Oper, einmal Theater und ein anderes Mal auch mal eine kleine Kabarett-Bühne sein? Oder sind es stets die Premieren in den großen Häusern, damit Sie mitreden können und Sie der Hauch des Intellektuellen umweht?

- Sind Sie bemüht, dass jeder Abend „sinnvoll" genutzt wird und Sie ständig auf Achse sind? Oder können Sie auch mal ganz banal einen Abend auf der Couch vor dem Fernseher verbringen?

! *Impuls*

Sie brauchen auch nicht ständig Hobbys! Manchmal steht anderes an. Stehen Sie selbstbewusst dazu.

Wo, lieber Leser, steht geschrieben, dass der Mensch für ein erfülltes Leben „anständige" Hobbys braucht? Vielleicht ist gerade einfach nicht die Zeit dafür bei Ihnen. Vielleicht kommen Sie nach der Arbeit gern einfach heim und entscheiden spontan, wonach Ihnen ist? Und das ist dann mal das Buch, mal der Sport, mal das Kino und mal das Einfach-mal-sitzen-und-dumm-Gucken? Vielleicht interessiert Sie die Lektüre gerade dieses **einen** Buches sehr, ohne dass Sie gleich alle Bücher dieses Autors lesen müssen? Vielleicht haben Sie ja einfach mal wieder Lust, **ein wenig** joggen zu gehen, ohne das gleich für die nächsten drei Jahre mindestens zweimal in der Woche zu tun?

Sind Sie deshalb weniger wert? Können Sie deshalb weniger mitreden oder mithalten? Haben Sie dann gleich ein schlechtes Gewissen? Quatsch!

Stehen Sie selbstbewusst dazu, dass Ihnen im Moment einfach nicht danach ist.

Ich habe ja Germanistik studiert – und unter anderem intensiv meinen Goethe, meinen Kleist oder Thomas Mann gelesen. Und ich habe meinen Magister geschafft – habe somit also bewiesen, dass ich „es kann". Das ist mittlerweile 20 Jahre her und ich lese immer noch sehr gerne. Allerdings selten die hochintellektuellen Wälzer oder ausschließlich die Bestseller-Liste rauf und runter. Ich oute mich: In meinem letzten Türkei-Urlaub hatte ich zum Beispiel drei dicke fette, ausgesprochen anspruchslose Frauenschmöker dabei – ein bisschen Liebesschnulze, ein bisschen Streit unter Freundinnen, ein bisschen südländisches Ambiente – nichts fürs Hirn, nur fürs Herz. Und meine beste Freundin, die stets sehr anspruchsvolle Lektüre auf ihrem Nachttisch hat, blickt solche Bücher streng an …, lächelt dann und sagt: „Und ich liebe dich trotzdem sehr!" Na bitte!

Ich bin kein schlechterer Mensch, weil ich solche Bücher oder GALA lese. Ich bin nicht doofer, weil ich zwar gern die SZ, selten aber die ZEIT lese. Ich habe viele Gesprächsthemen, auch ohne in die letzten Theaterpremieren gegangen zu sein. Ich liebe hin und wieder klassische Musik sehr – aber ebenso morgens das ganz normale Radiogedudel. Und ich fahre sehr gerne lange Rad durch die Natur, mache das aber ganz sicher nicht, wenn es regnet oder mir zu kalt ist oder ich einfach zu faul bin.

Noch ein schönes Beispiel für ein großartiges, unperfektes Hobby ohne Leistungsdruck: Seit 1 oder 2 Jahren sind diese Ausmalbücher für Erwachsene der letzte Schrei – es gibt sie überall mit unendlich vielen Motiven: Blümchen, Tiere, Fantasy, orientalisch oder Mandalas.

Ich liebe diese Bücher! Sie glauben gar nicht, wie entspannend das ist, solch ein Bild auszumalen: Sie schalten komplett den Kopf ab, sind absolut im Hier-und-Jetzt, konzentrieren und entspannen sich zugleich.

Und noch vor ein paar Jahren hätte ich wahrscheinlich auch – wie viele andere – abfällig gelächelt über solch eine Beschäftigung: Sie macht nicht fit oder klug, "bringt nix" und ist doch nur was für Kinder.

Ha! Von wegen – probieren Sie es mal aus! Sie werden begeistert sein.

In erster Linie sollten Sie dafür sorgen, dass es Ihnen gut geht: Wenn das mit Sport und mit Hobbys besser funktioniert – prima. Wenn es aber mit Sport und Hobbys eher anstrengend und nervenaufreibend ist – Finger weg!

Gut reicht völlig!

Mit diesem Kapitel komme ich nun endlich zur eigentlichen Kernbotschaft meines Buches: Gut reicht völlig! Im Grunde genommen ist dieses Buch ein einziges großes Plädoyer gegen die Superlative unserer Zeit – schneller, höher, weiter, perfekter. Grenzen sprengen, ohne Makel sein, fehlerfrei, immer weiter wachsen, die Krone der Schöpfung, Weltbeherrscher.

Ich halte dagegen! Diese Superlative sind für mich: vermessen, ohne Demut, kräfteraubend, beängstigend, entmenschlicht, größenwahnsinnig, wie der Hamster im Rad immer und immer weiterlaufen, rastlos, menschenunwürdig.

Wenn wir alle den Ehrgeiz hätten, einfach gut zu sein, vielleicht sogar unser Bestes zu geben – ohne immer gleich der Beste sein zu müssen: Dann würde das nicht nur völlig für eine funktionierende, erfolgreiche Gesellschaft reichen; wir hätten auch mehr Spaß daran und wären gesünder an Körper und Seele.

Also: Nun ein Plädoyer für „Gut reicht völlig!".

Das richtige Maß finden

Ich weiß, er ist schon ziemlich abgegriffen, aber hier passt der Begriff vom „goldenen Mittelweg" einfach so gut. Es geht nicht um entweder ganz oder gar nicht, nicht um sich entweder zu überanstrengen oder gar nichts zu tun, um perfect oder low performer.

Es geht um das richtige Maß, um das **für Sie** richtige Maß. Niemand außer Sie selbst können das nämlich bestimmen und festlegen. Nur Sie selbst wissen, wo die Balance ist zwischen zu viel und zu wenig Perfektionsdenken.

Fachleute, die sich mit dem Thema „Zielfindung" beschäftigen, haben Folgendes herausgefunden: Ein Ziel ist für mich dann besonders motivierend, wenn es zwar anspruchsvoll genug ist – sonst wäre ich schnell gelangweilt und würde mich nicht anstrengen –, jedoch nicht zu hoch gesteckt, weil ich sonst zu schnell verzagen und aufgeben würde. Also: Das richtige Maß finden!

Ich lade Sie dazu ein, das Ganze anzugehen wie damals, als Sie vielleicht als Kind einen Chemiebaukasten geschenkt bekommen haben: Da haben Sie auch spielerisch und neugierig experimentiert, haben die rote und die blaue Flüssigkeit zusammengeschüttet und gespannt darauf gewartet, ob es dampft, knallt oder zischt.

Gehen Sie es spielerisch an, experimentieren Sie, probieren Sie es aus, wo das für Sie richtige Maß liegt. Das ist nämlich nichts, was Sie am Reißbrett konstruieren oder sich theoretisch überlegen können. Lassen Sie sich ganz bewusst ein auf dieses Trial-and-error-Spiel. Und fangen Sie klein an. Ein „Ich sollte endlich weniger perfektionistisch sein, das täte mir gut!" ist sicher ein guter Anfang: Sie beginnen, sich dessen bewusst zu werden – vorher geht Veränderung sowieso nicht.

Aber es ist erst ein Anfang und noch viel zu wenig konkret für einen ersten Schritt.

Übung: Heute mal ein kleines bisschen weniger perfektionistisch

Entscheiden Sie sich für eine erste Kleinigkeit des Alltags: Wann strengt Sie Ihr Perfektionismus besonders an? Beim Protokoll übers Meeting? Beim Hausputz? Beim Kochen für Freunde? Was kommt Ihnen spontan, ohne viel darüber nachzudenken, in den Sinn?

Und dann beschließen Sie, diese eine spezielle Situation das nächste Mal ein klein bisschen weniger perfektionistisch zu meistern. Das Protokoll darf vielleicht zwei Seiten kürzer sein und ohne zusätzliche Ergänzungen. Oder Sie staubsaugen eine Woche lang nicht mehr jeden zweiten Tag, sondern nur am Samstag. Und bei der Einladung für die Freunde wird es dieses Mal kein 5-Gänge-Menü, sondern eine große Schüssel Pasta und basta.

Überfordern Sie sich nicht und machen Sie dies Experiment bewusst erst einmal nur dieses eine Mal. Und dann beobachten Sie sich bitte genau:

- *Werden Sie im Vorfeld nervös bei dem Gedanken, weniger Perfektes abliefern zu müssen?*
- *Wer oder was kann Sie dann unterstützen? Und wie geht es Ihnen danach? Wie war das?*
- *Was haben die anderen gesagt? Ist es überhaupt jemandem außer Ihnen selbst aufgefallen?*
- *Dreht sich die Welt weiter oder haben Chef und Freunde gemeckert?*

Nur wenn Sie merken, dass die Konsequenzen gar nicht so schlimm sind, wächst die Lust und der Mut, es öfter auszuprobieren.

> *Und sollten Sie sich hinterher wider Erwarten doch ganz schrecklich fühlen und der Groll der anderen groß sein – dann können Sie ab sofort wieder perfektionistisch weitermachen. Es ist nichts verloren. Also: Experimentieren Sie und seien Sie neugierig!*

Es ist wirklich eine Frage der Übung, das für Sie richtige Maß zu finden – für den einen ist 40 % weniger Perfektionismus prima, die andere kann höchstens 20 % abgeben, um sich noch wohlzufühlen. Denn dies ist das Wichtigste: Sie sollen sich wohlfühlen! Sie halten dieses Buch ja sicher nicht deshalb in Händen, weil Sie so glücklich sind über Ihren Perfektionismus – ich nehme an, Sie möchten daran etwas ändern, weil es Ihnen nicht guttut. Prima!

Sie allein sind der Maßstab, Ihr Wohlgefühl steht an oberster Stelle: Nicht das, was die anderen meinen. Sie entscheiden sich dafür, dass es Ihnen besser geht und Sie das richtige Maß finden. So sind Sie in Zukunft auch deutlich flexibler:

Das richtige Maß bedeutet auch, dass Sie jeden Tag neu entscheiden dürfen. Sie sollen ihren Gästen ja in Zukunft nicht immer Pasta vorsetzen, es darf schon auch mal wieder das 5-Gang-Menü sein. Nur, wenn Sie sich gehetzt fühlen, angeschlagen sind oder schlichtweg keine Lust auf Aufwand haben – dann sind die Nudeln dran oder das Käsebrot. Es darf weiterhin Aufgaben geben, die Sie absolut hundertprozentig erfüllen wollen und sollen. Dann aber aus einer bewussten, möglichst freien Entscheidung heraus und nicht aus dem Zwang, immer 100 % abliefern zu **müssen**.

Entscheiden Sie sich – egal, für was!

Wie jetzt…was soll denn „egal, für was" heissen? Wo wir doch so darauf gedrillt sind, uns für „das richtige" entscheiden zu müssen und es 1001 Ratgeber dazu gibt, wie man diese richtigen Entscheidungen trifft. Und was zum Teufel hat das mit Perfektionismus zu tun?

Das denken Sie doch jetzt, nicht wahr?! Verständlich. Nun, das hat sehr viel miteinander zu tun. Dieser immense Anspruch, **die richtige** Entscheidung treffen zu müssen, ist nämlich nichts anderes als totaler Perfektionismus.

> ### Beate, 48 Jahre, Teamleiterin einer Reiseagentur
>
> *Zum wiederholten Male hab ich eigentlich beschlossen, dass ich mit einem bestimmten Kollegen nicht mehr zusammenarbeiten kann. Diesmal hab ich mir geschworen, hart zu bleiben und hab mit dem Chef gesprochen. Er hat dann wieder ein Dreiergespräch mit uns beiden geführt und hat mir viele Argumente gebracht, warum die Zusammenarbeit so wichtig ist. Und aus Angst, dass ich nicht die richtige Entscheidung treffe, bin ich wieder schwach geworden. Und ich fühle mich jetzt absolut mies damit. Aber was ist die richtige Entscheidung – woran merk ich das?*

Kennen Sie solche Situationen? Also ich kenn diese Falle ziemlich gut: Aus Angst, nicht die richtige Entscheidung zu treffen, treffen wir gar keine und warten lieber noch mal ab. In der irrigen Annahme, dass wir dann vielleicht irgendwann die ultimativ richtigen und entscheidenden Argumente und Gründe finden, genau die einzig richtige Entscheidung treffen zu können. Und wenn wir nicht gestorben sind, dann warten wir noch heute.

Wer sagt, wann eine Entscheidung „die richtige" ist? Wo ist der Maßstab und wer legt ihn fest? Und wann ist der Zeitpunkt gekommen, dass dann endgültig behaupten zu können? Alles Fragen, auf die es keine Antwort geben kann.

Sie treffen die einzige Entscheidung, die Sie in der jeweiligen Situation nach bestem Wissen, bei genauem Abwägen und Nachdenken unter Einbeziehung aller Faktoren treffen können. Und das ist zu genau diesem Zeitpunkt dann auch die richtige Entscheidung. Fünf Tage vorher oder drei Tage später würden Sie vielleicht eine andere treffen.

Ich erlebe im Coaching derart oft Menschen, die diese Angst vor der falschen Entscheidung in eine völlige Schockstarre àla Kaninchen-vor-der-Schlange verfallen lässt. Sie sind dann stark verunsichert, gelähmt und handlungsunfähig – das Selbstbewusstsein ist im Keller. Und das macht das Ganze dann immer noch schlimmer – ein Teufelskreis.

Sehen Sie, und jetzt schließt sich der Kreis zur Überschrift: Viel entscheidender als die Tatsache, möglichst **die richtige** Entscheidung zu treffen, ist es, **überhaupt** eine zu treffen. Und somit wieder aus der Schockstarre hinaus und in Aktion zu treten, wieder selbstverantwortlich zu agieren mit allen Konsequenzen.

Eine richtige Entscheidung ist meiner Meinung nach schlicht und einfach diejenige, deren Konsequenzen ich bereit bin, zu tragen. Alles hat seinen Preis – jede Entscheidung! Wenn ich heute Mittag zum Italiener gehe, bekomm ich leckere Pizza – aber kein Sushi. Wenn ich den roten Pulli anziehe, kann ich nicht den blauen tragen: Alles hat seinen Preis. Und wenn ich eher bereit bin, den Preis für die Entscheidung A zu zahlen, dann entscheide ich mich für A und nicht für B.

Also: Lassen Sie neben den üblichen Pro-und-Contra-Listen bei Entscheidungen auch unbedingt Ihren Bauch und Ihre Intuition mitsprechen: Bei welcher Alternative grummelt der Bauch weniger, bei welchem Preis bleiben Sie ruhiger und kraftvoller?

Und wenn Sie sich immer mehr verstricken in den -zig Möglichkeiten für eine Entscheidung, immer unsicherer werden und ängstlicher – dann setzen Sie sich eine Frist. Beschließen Sie selbstbewusst und klar: Heute in einer Woche, Montag um 12 Uhr habe ich mich entschieden. Und zu dieser Entscheidung werde ich stehen, ohne wenn und aber. Auf diese Weise aktivieren Sie nämlich zudem noch einen wichtigen Unterstützer – Ihr Unterbewusstsein. Das ist nämlich meist ziemlich faul: Solange es keinen Termin vorgesetzt bekommt, fängt es nicht an zu arbeiten und wartet erstmal ab. So aber – mit einer gesetzten Frist – beginnt es, darauf hinzuarbeiten, dass am Montag um 12 Uhr alles beisammen ist, was für die Entscheidung wichtig ist.

Treffen Sie also die für Sie persönlich zu diesem Zeitpunkt richtige Entscheidung, und nicht DIE richtige! Es gibt kein richtig oder falsch, kein schwarz oder weiss in dieser Hinsicht. Sie selbst und nichts und niemand anderes sind der Maßstab. Lassen Sie sich bitte dabei möglichst wenig verunsichern und bleiben Sie sich treu. **Sie** wägen ab, **Sie** geben sich Bedenkzeit, **Sie** entscheiden und **Sie** tragen die Konsequenzen mit. Punkt.

Im Übrigen können Sie dieses Entscheidungen-Treffen und Konsequenzen-Tragen wunderbar geradezu täglich üben.

- Entscheiden Sie nach maximal 5 Minuten am Morgen, welchen Rock Sie anziehen oder welche Krawatte zum Hemd.

- Vertrauen Sie Ihrer spontanen Intuition, wenn Ihr Kollege Sie mittags fragt, ob Sie zum Italiener oder zum Chinesen gehen wollen.

- Entscheiden Sie nach maximal 5 Minuten am Abend, ob TV oder Buch an der Reihe ist.

- Entscheiden Sie nach maximal ½ Stunde, ob Sie auf die Party einer Nachbarin gehen mögen oder nicht.

- Geben Sie sich 3 Tage, nach denen Sie sich für das nächste Urlaubsziel entschieden haben.

- Nehmen Sie sich ein Wochenende dafür Zeit, zu entscheiden, ob Sie weiterhin Kontakt haben wollen zu jenem alten Bekannten, der Ihnen in letzter Zeit zunehmend auf die Nerven geht.

- Wenn Sie vor der Wahl zw. 2 Jobs stehen: Machen Sie keine Pro-und-Contra-Liste (die tun uns meistens nicht den Gefallen, eindeutig genug auszufallen), sondern überlegen Sie: Was bekomme ich bei Alternative A und welchen Preis zahle ich dafür – was bekomme ich für Alternative B und welchen Preis zahle ich dafür? So kommt auch Ihr Bauch und Ihre Emotion mit ins Spiel. Sie werden z. B. merken, welcher Preis Ihnen zu hoch ist, welcher Preis Ihnen den Angstschweiss auf die Stirne treibt oder Ihren Magen verkrampfen lässt.

Ich garantiere Ihnen (ja, hier lehne ich mich weit aus dem Fenster!), dass Sie mit der Zeit immer geübter werden im Entscheidungen-Treffen! Treffen Sie eine, mit allen Konsequenzen und verabschieden Sie sich von dem anstrengenden, perfektionistischen und schier unerreichbaren Anspruch, **die richtige** Entscheidung treffen zu müssen. Vergeuden Sie keine Zeit damit, sondern nutzen Sie diese lieber und sorgen Sie dafür, dass Ihre Entscheidung die richtige war. Finden Sie zwischen richtig und falsch, zwischen weiss und schwarz die vielen bunten Facetten, die alle auch noch möglich sind. Agieren Sie dadurch auch mit mehr spielerischer Leichtigkeit, werden Sie dadurch kreativer und mutiger.

Und nebenbei bemerkt: Wenn Ihnen eine Entscheidung im Nachhinein wirklich falsch vorkommen sollte, können Sie sich wieder umentscheiden. Jederzeit!

Normal und menschlich statt heilig: Seien Sie fehlbar

„So ein gottverdammter Mist. Jetzt hat die xy schon wieder einen dermaßen tollen Auftrag bekommen und ich akquiriere mir die Finger wund. Blöde Kuh, blöde!"

Ich weiß ja nicht, wie es Ihnen geht – aber ich gestehe: Ich kenne Neid. Sicher, ich weiß: Eigentlich ist Neid doof und sinnlos. Und neidische Menschen sind unsympathisch und außerdem macht Neid Falten.

Kennen Sie die sieben Todsünden in der katholischen Kirche? Dafür kommen wir ja angeblich in die Hölle:

• Hochmut (Stolz)

• Geiz (Habgier)

- Zorn (Wut, Rachsucht)

- Neid (Eifersucht)

- Wollust

- Völlerei (Maßlosigkeit)

- Trägheit

Jetzt mal ganz ehrlich, liebe Leser: Sind wir Heilige oder sind wir Menschen?

©pitopia M. Röder

Eben! Wir sind Menschen. Und deshalb sind wir selbstverständlich auch mal neidisch – oder eifersüchtig oder geizig oder habgierig oder maßlos oder …

Seien Sie nicht so streng mit sich! Ich bin natürlich immer mal wieder neidisch: auf den Erfolg eines Kollegen (in der Talkshow würde ich auch so gern mal sitzen, so viel Kohle möchte ich auch mal für einen Vortrag bekommen). Ich bin sogar auf eine Freundin mal neidisch, weil sie frisch verliebt ist und ich das so lange nicht mehr war.

Ja, Herrgott, das ist so. Und bei besonders guten Freunden ist es besonders entspannend, dass ich es da sogar offen zugeben kann, so nach dem Motto: „Ich freu mich sehr für dich und gönn es dir von ganzem Herzen – und ich bin neidisch, verdammt noch mal!"

Das entlastet, ich öffne mich meinem Gegenüber, bin ehrlich und zeige mein Inneres – und es ist menschlich.

Wenn ich im beruflichen Kontext Neid spüre, kann mir das auch eine wertvolle Hilfe sein. Ich kann mich fragen: Wenn ich auf diesen Erfolg neidisch bin – was kann ich tun und was kann ich mir von dieser Person vielleicht abschauen, um ebenso erfolgreich zu sein?

Das kann auch gut bei nicht wirklich eingestandenem, latentem Neid funktionieren: Ich halte regelmäßig Seminare für Politikerinnen. Diese Frauen sind besonders häufig darüber erbost, wie roh und unfreundlich die Kommunikation ihrer männlichen Kollegen in den politischen Gremien ist. „Sie fallen mir ins Wort, bügeln mich mit großer Herablassung nieder und kriegen letztlich alle ihre eigenen Punkte durch – und ich hab wieder das Nachsehen."

Übung: Statt meckern: Welche Erfolgsfaktoren kann ich mir abschauen?

Ich lasse die Politikerinnen dann immer eine Weile schimpfen und sich gegenseitig darin bestätigen – dann unterbreche ich aber und lade zum Perspektivenwechsel ein:

Entweder rege ich mich viel über diese Kollegen auf, beharre aber auf meiner guten Kinderstube und lasse mich weiterhin unterbrechen.

> *Oder ich kremple die Ärmel hoch und schau ganz neugierig zu: Wie macht der das? Was kann ich vielleicht von ihm lernen? Welche Scheibe kann ich mir abschneiden, damit ich auch mal zu Wort komme und meine Anliegen an den Mann bringen kann?*
>
> *Vielleicht erkenne ich zum Beispiel, dass die Sätze meines Kollegen viel kürzer und ohne Konjunktive und Füllsel ausfallen. Oder dass seine Körpersprache entschiedener wirkt: Er richtet sich auf und stützt die Hände auf den Tisch, bevor er das Wort ergreift.*

Auch Wut ist für mich keine Todsünde – ganz im Gegenteil! Manchmal muss das einfach sein, aber es gibt gesunde und ungesunde Aggressionen. Und wenn ich mir Aggression stets verbiete und die große, heilige Sanftmut propagiere, dann bekomme ich entweder ein Magengeschwür oder der Kessel fliegt jemand ganz Unschuldigem irgendwann gehörig um die Ohren. Wut und Aggression suchen sich immer ein Ventil!

Stolz, eine Todsünde? Nö! Ich finde es ab und zu enorm wichtig und richtig, stolz zu sein. Stolz ist für mich einfach die Freude über etwas, das ich erreicht habe, das mich vielleicht viel Arbeit gekostet hat und das nicht jeder kann. Im rechten Maße ist Stolz ein wichtiges Zeichen von Selbstbewusstsein – und deutlich gesünder als das ständige „Ich bin ja so bescheiden und stelle mein Licht stets unter den Scheffel!".

Ich bin zum Beispiel auf meine fünf Bücher mächtig stolz.

So könnte ich zu allen anderen Sünden auch durchaus Positives finden. Wie schon der alte Paracelsus sagte: „Es gibt keine Gifte, es ist alles eine Frage der Dosierung!"

Also, liebe Leser: Seien Sie nicht so streng mit sich und gönnen Sie sich ab und zu auch mal Sündiges – ob es nun der Neid oder der Stolz ist, ein Glas Champagner oder die völlig unnötigen, sauteuren Schuhe!

Gesunde Selbstfürsorge – die eigenen Grenzen achten

Sie haben ja sicher zu diesem Buch gegriffen, weil Sie sich angesprochen fühlten, weil Sie merken, dass Ihr Perfektionismus Ihnen nicht guttut.

Sie haben es gemerkt! Das ist der erste wichtige Schritt! Solange Sie sich dessen nicht bewusst sind, können Sie nichts ändern. Jetzt wird es Ihnen immer klarer und somit werden Sie achtsamer mit sich selbst, Sie steigern Ihre Selbstfürsorge

Gesunde Selbstfürsorge und Perfektionismus passen nämlich nicht zusammen, sie schließen sich sogar aus! Wer ständig vom Perfektionismus angetrieben ist, der betreibt letztlich heftigen Raubbau an seinen Kräften – und das ist alles andere als selbstfürsorglich.

Wenn Sie gut auf sich achten, dann verlieren Sie nie über längere Zeit das rechte Maß aus den Augen. Sie wissen genau, wie viel Ehrgeiz Ihnen noch guttut, wie viel Schippen Sie noch obendrauf legen können und wann dann doch mal das Ende der Fahnenstange erreicht ist.

Sie selbst und kein anderer bestimmt den Zeitpunkt, wann es genug ist, wann es reicht. Sie selbst haben das Gespür dafür, wann ein „Nein" angesagt ist. Sie selbst entscheiden, in welchen Wettbewerb Sie sich begeben wollen und in welchen nicht.

Und Sie wissen, wann Sie Ihre Grenzen erreicht haben, die Sie momentan auch nicht überschreiten oder erweitern oder sprengen wollen!

Genau dies wird uns doch ständig eingeredet: „Sprenge deine Grenzen" oder „Wachse über dich hinaus!" und „Raus aus der Komfortzone!". Wir lesen und hören dies täglich, ob im TV, in Zeitschriften oder in unendlich vielen Ratgebern, die es zu diesen Themen auf dem Markt gibt.

Stimmt: Wenn wir unsere Grenzen ausloten und genauer betrachten, können wir so manche überschreiten. Und so wieder ein Stück wachsen, weil wir uns aus der Komfortzone wieder ein bisschen herausbewegen, Raum und Möglichkeiten dazugewinnen, stärker, mutiger und weiter werden.

Aber: Grenzen sind meiner Meinung und v. a. auch meiner Erfahrung nach nicht nur dazu da, überwunden zu werden! Grenzen – vor allem wenn sie sich schmerzhaft bemerkbar machen, sind auch dazu da, **hin und wieder** akzeptiert zu werden. Dann geht es darum einzusehen, dass ich nicht unendlich wachsen kann, dass meine Möglichkeiten, Ressourcen und Kräfte begrenzt sind. Dass ich Mensch bin. Oder dass es vielleicht gerade einfach nicht an der Zeit ist, diese Grenze zu überwinden.

In diesem Fall ist ein „Ha, wäre doch gelacht, wenn ich nicht **auch dich** überwinden könnte wie all die anderen Grenzen!" vielleicht nicht gut.

Wir können so viel schaffen. Wir können stärker, mutiger, größer, erfolgreicher, glücklicher sein als wir es je für möglich gehalten hätten, wenn wir uns trauen, uns fürs Wachstum entscheiden, Grenzen überwinden.

Damit Hand in Hand sollte jedoch immer auch ein gerüttelt Maß an Demut gehen, an Selbstfürsorge und an Achtsamkeit. Wir sollten genau hinhören, was gerade dran ist: Wachstum und Grenzen überwinden – oder Innehalten und Grenzen akzeptieren.

Manchmal sind die Grenzen schlauer als wir. Manchmal wollen sie uns sagen: „Schau hin, hier ist erst einmal für den Moment Schluss. Das tut dir gut – glaub uns. Vertrau uns!"

Ich schrieb in einem der ersten Kapitel darüber schon einmal – hier ist es noch mal wichtig: „Stillstand bedeutet Rückschritt" höre ich vor allem oft von meinen „Tschakkaa-Kollegen", wie ich sie nenne. Von Menschen, die oft schier unerträglich laut, aufdringlich und dauergrinsend durch die Welt laufen und ein ständiges „Schneller, höher, weiter!" propagieren. Bloß nicht stehen bleiben, auf jeden Fall raus aus der Komfortzone, sich weiterentwickeln, besser werden, reicher werden, schöner und erfolgreicher werden. Wenn du stehen bleibst, bist du verloren, weil dich sofort alle anderen überholen.

Quatsch!

Ich sage es noch einmal: Stillstand kann auch ein sehr kluges und gesundes Innehalten bedeuten. Stehen bleiben, sich besinnen, konsolidieren. Darüber nachdenken, wie es mir eigentlich im Moment so geht.

In aller Ruhe auf meinen inneren einsamen Berg klettern und mit Weitblick und in Stille schauen, wo ich gerade stehe und wohin es gehen wird. Was zu tun ist. Dieses In-sich-Hineinhören funktioniert nur in der Stille, im Nichtstun, im Innehalten. In dieser Zeit geht es nicht ums Tun, Arbeiten,

Sich-Weiterentwickeln, Vorwärtsstreben – es geht nicht um Perfektionismus.

Es geht hier vielleicht auch um das Grenzen-Akzeptieren. Und nicht um schneller, höher, weiter.

Es geht um das Anerkennen der Grenzen, gewissermaßen um Demut.

Demut und Dankbarkeit

Demut, ein altmodischer Begriff. Nicht mehr sehr gebräuchlich, oder? Ich mag ihn sehr. Und ich wünschte mir von vielen Menschen ein bisschen mehr Demut.

Vor allem von dem Tschakkaa-Coach, der meint: Alles ist möglich – man muss nur wollen!

Vom Jungunternehmer, der es nicht nötig zu haben meint zu netzwerken (Karriere und Business sind wichtiger!) – und jetzt merkt, dass er keine Kunden findet. Der sich nach langer Zeit mal wieder meldet – nur um nach drei mühsamen Small-Talk-Sätzen darum zu bitten, ihm einen meiner Kontakte weiterzureichen.

Von Menschen, die meinen, andere Menschen nicht zu brauchen.

Einer meiner Lehrer, Matthias Varga von Kibét, hat einmal gesagt:

„Wenn du irgendwann mal wirklich gut bist (als Aufstellungsleiterin) und dann erfolgreich arbeitest: Dann bist du auf die Ergebnisse nicht mehr stolz, sondern dankbar!"

Und ich merke das so oft im Coaching bzw. nach gelungenen Sternstunden-Coachingsessions: Da sind 90 Minuten
vergangen voller Kreativität, Erkenntnis, voller Vertrauen des
Klienten und Neugier auf Neues, mit wunderbaren Ergeb-
nissen, einer neuen Perspektive, einem neuen Durchbruch.
Der Klient geht nach Hause und ich bin einfach nur erfüllt,
zufrieden – und dankbar!

Dankbar dafür, dass ich diesen wunderbaren Beruf haben
darf, mit dem ich wirklich unterstützen und gut begleiten
kann, bei dem ich derart nah an Menschen herankommen
darf – und mit dem ich noch dazu mein Geld verdiene.
Danke!

Aber zurück zur Demut: Für den Demütigen gibt es etwas
Unerreichbares, etwas Höheres. Aus dieser Erkenntnis heraus akzeptiert er die Gegebenheiten seines Daseins.

Ja, für mich hat Demut auch diesen spirituellen Aspekt: Ich
weiß, dass ich nur durch meinen Willen eben **nicht** alles
erreichen kann. Dass ich ein Teil bin vom Ganzen. Dass es
etwas gibt, das schlauer und älter und weiser ist als ich. Darin bin ich eingebettet. Darauf kann ich vertrauen, dem kann
ich mich anvertrauen. Und dieses Unerreichbare, Höhere ist
im wahrsten Sinne des Wortes unbegreiflich.

Demut gehört für mich aber auch in den Alltag: Demut
bedeutet hier dann für mich:

• Zu sehen, dass ich nie aufhöre zu lernen.

• Darauf zu achten, dass ich mich möglichst selten über
andere stelle.

• Mich immer mal wieder neu zu hinterfragen – mich, meine
Ansichten, meine (Vor-)Urteile. (Hinterfragen! Nicht: infra-

ge stellen. Ein kleiner, aber feiner und immens wichtiger Unterschied!).

Demut bedeutet für mich auch, dankbar zu sein. Dankbar sein zu können.

Und ich kann immer schlechter Menschen ertragen, denen Demut fehlt. Nein, ich **möchte** immer seltener solche Menschen um mich haben. Danke, dass es so viele andere gibt. Menschen, denen Demut kein Fremdwort ist.

Ich übernehme Verantwortung!

Herzlichen Glückwunsch! Jetzt haben Sie sich derart intensiv und ehrlich mit Ihrem Perfektionismus auseinandergesetzt, dass Sie noch einen Schritt weiter gehen können. Sie haben jetzt für sich selbst die Verantwortung übernommen, arbeiten an sich und Ihrem Perfektionismus, achten besser auf Ihre eigenen Bedürfnisse, sind mutiger und klarer geworden.

Jetzt ist es an der Zeit, auch die Verantwortung in Ihren verschiedenen Rollen für andere zu übernehmen. Anderen geht es ja oft ähnlich mit dem Perfektionismus, auch sie leiden darunter – und hier können Sie etwas tun!

Meine Verantwortung als Chef

Ich habe im Coaching immer wieder mit Mitarbeitern in Unternehmen zu tun, die auch deshalb von ihrem Perfektionismus so getrieben und belastet sind, weil sie meinen, ihr Chef verlange das von ihnen. Nach einigen Gesprächen stellt sich dann meist heraus, dass die beiden nie wirklich darüber geredet haben.

Der Mitarbeiter glaubt, sein Chef stelle stets sehr hohe Ansprüche an ihn, möchte alles sofort und natürlich absolut perfekt erledigt haben. Je länger er dies annimmt und je weniger er dies anspricht und dadurch konkretisieren kann, desto angestrengter wird er agieren. Diese Annahme, dieser Glaubenssatz verselbstständigt sich quasi, ohne dass der Chef je konkret dazu Stellung bezogen hat.

Ja, liebe Chefs, so denken viele Ihrer Mitarbeiter über Sie! Und hier beginnt Ihre Verantwortung: Selbstverständlich dürfen und müssen Sie hohe Ansprüche an Ihre Mitarbeiter stellen, Ihr Unternehmen ist schließlich nicht die Wohlfahrt, es muss Leistung, Umsatz und gute Zahlen liefern und dafür sind Ihre Mitarbeiter mit zuständig. Anspruchsvoll: ja. Fordernd: ja. Kritisch: ja.

Aber eben nicht über-fordernd! Hier kommen ein paar Impulse dazu:

• Zeigen Sie Ihren Mitarbeitern immer wieder, dass sie mit Ihnen reden können. Führen Sie vielleicht feste Redezeiten ein, eine Art Jour fixe mit offener Tür, offenem Ohr und Zeit. Solche festen Traditionen können auch für Klarheit sorgen, damit nicht jederzeit jedermann bei Ihnen ins Büro platzt. Dann ist klar: Wenn die Tür zu ist, ist sie zu und der Chef will nicht gestört werden. Wenn Jour fixe ist, ist die Tür offen und der Chef ist für die Mitarbeiter da.

• Seien Sie neugierig auf Ihre Mitarbeiter. Fragen Sie zwischendurch „einfach mal so", wie es ihnen geht, setzen Sie sich mal mit einem Kaffee dazu und plaudern Sie einfach ein wenig. Das macht Sie menschlich und nahbar – dann trauen sich Ihre Mitarbeiter auch näher an Sie heran.

• Reden Sie um Himmels willen nicht nur mit Ihren Mitarbeitern, wenn es etwas anzumahnen oder zu kritisieren gibt! „Nicht geschimpft ist genug gelobt!" ist eine schlechte Devise. Sie glauben: „Prima, dort ist alles in Ordnung, ich kann mich meinen anderen Baustellen widmen." Ihr Mitarbeiter denkt: „Der kümmert sich gar nicht um uns und interessiert sich nicht die Bohne für unsere Arbeit.

Ewig schon war er nicht mehr hier, um zu reden." Das ist sehr frustrierend!

• Seien Sie in Ihren Ansprüchen so konkret wie möglich! Legen Sie bei jeder neuen Aufgabe fest, was **genau** Sie erwarten. **Was** Sie von **wem** bis **wann wie** erwarten. Und legen Sie dies auch für tägliche Routinearbeiten fest: Worauf legen Sie besonderen Wert (z. B. möchten Sie unbedingt Ihre Mails vorsortiert haben nach Schema xy, oder Sie möchten, dass nur X und Y ohne Nachfrage direkt durchgestellt werden), was sind die „Musts" und was die „Nice to Haves"?

• Versuchen Sie, auf Warnsignale zu achten, die eine Überlastung Ihres Mitarbeiters anzeigen. Haben Sie feine Antennen, fragen Sie nach und bieten Sie Unterstützung an.

Bei aller Fürsorge und Verantwortung für Ihre Mitarbeiter: Vergessen Sie dabei die Selbstfürsorge nicht! Holen also auch Sie sich Unterstützung, wenn es nicht mehr weitergeht. Das kann Ihr eigener Vorgesetzter sein, ein Mentor, eine Vertrauensperson oder auch ein guter Coach. Es zeigt Ihre Stärke, wenn Sie sich Hilfe holen und Ihre Schwäche anerkennen.

Meine Verantwortung als Kollege

Jetzt habe ich gerade Ihren Chef ins Gebet genommen – Sie selbst haben, so hoffe ich, aus dem Buch bisher für sich einiges gelernt. Jetzt bleibt mir noch, Sie um Achtsamkeit mit Ihren Kollegen zu bitten. Dazu erzähle ich Ihnen eine kleine Geschichte aus einem meiner letzten Seminare.

Zusammen im Team und keine Ahnung voneinander

Es ging um ein festes Team eines Customer Services in der Pharmabranche. Menschen also, die teilweise seit vielen Jahren in einem Callcenter zusammenarbeiten, in dem Kundenanfragen und -beschwerden zusammenlaufen. Menschen, die sich täglich sehen, je nach Schichtplan mehr oder weniger eng zusammenarbeiten und sich (eigentlich) gut kennen.

Thema des Seminars war unter anderem die Work-Life-Balance der Teilnehmer. Sie kamen in Kleingruppen anhand einiger Leitfragen miteinander ins Gespräch, die ich ihnen gestellt hatte. Ich ging währenddessen von Gruppe zu Gruppe und beobachtete, dass bei einigen die Tränen flossen. Ich kam näher und hörte ihnen zu. Und es stellte sich heraus, dass manche Teilnehmer sehr darüber erschrocken waren, wie schlecht es einigen ihrer Kollegen ging. Wie sehr sie sich unter Druck fühlten, wie wenig Spaß und Motivation an der Arbeit übrig waren, welche Ängste und Sorgen sie bewegten.

Sie waren betroffen darüber, wie wenig sie voneinander wussten – obwohl sie teilweise seit 15 Jahren täglich miteinander arbeiteten.

Aus Betroffenheit kann Gutes erwachsen und so redeten sie miteinander. Lange, ausführlich, persönlich, intensiv. Und sie beschlossen, es nie wieder so weit kommen zu lassen. Sie vereinbarten regelmäßige Kaffeerunden und jeder nahm sich fest vor, in der Zukunft wacher, achtsamer und zugewandter zu sein.

Ende der Geschichte. Und vielleicht der Anfang Ihrer eigenen Geschichte über den Umgang mit Ihren Kollegen?

Jeder ist für sich selbst verantwortlich, auch Ihre Kollegen, stimmt schon. Das bedeutet auch, dass Ihr Kollege sich melden sollte, wenn er Unterstützung braucht oder ihm die Arbeit zu viel wird. Aber vielleicht kann er das nicht immer. Und deshalb bitte ich Sie:

Seien Sie achtsam, offen und neugierig auf die Menschen in Ihrer Arbeitsumgebung! Und wenn Sie bemerken, dass Ihr Kollege blass aussieht, fahrig wirkt und zusehends unkonzentrierter arbeitet, dann sprechen Sie ihn an. Fassen Sie sich ein Herz und fragen Sie ihn ganz ehrlich, ob Sie helfen können – und sei es nur mit einem offenen Ohr. Sie glauben gar nicht, wie wertvoll solch eine Geste oft sein kann.

Und wenn Ihr Kollege nicht reden will, dann wird er das sagen. Dann können und sollen Sie auch nichts weiter unternehmen. Sie können aber abends besser in den Spiegel blicken, weil Sie zumindest genau hingesehen und es versucht haben. Gut so.

Meine Verantwortung als Freund

„Ich mische mich da nicht ein, das wäre zu aufdringlich! Sie weiß ja, dass sie immer zu mir kommen kann, wenn sie Kummer hat!"

Haben Sie sich diesen Satz auch schon einmal gesagt, als Sie einen guten Freund beobachteten und das Gefühl hatten, es geht ihm nicht gut?

Und wenn Sie mal ganz ehrlich zu sich selbst sind: Ist das vielleicht nur eine Schutzbehauptung, weil Sie nicht so recht wissen, was Sie tun sollen, wie Sie helfen können? Oder weil es Ihnen vielleicht sogar ein klein wenig lästig oder unbequem wäre, sich mit den Problemen Ihrer Freunde auseinanderzusetzen – schließlich hat ja jeder sein Päckchen zu tragen?

Schön, dass Sie ehrlich sind. Ich möchte Ihnen auch gar nicht reinreden in Ihre Überlegungen, es ist einzig und allein Ihre Entscheidung und die wird richtig ausfallen.

Ich lade Sie nur ein, einmal darüber nachzudenken, wie Sie Freundschaft definieren. Ist Freundschaft für Sie in erster Linie eine Schönwettersache – miteinander lachen, ausgehen, diskutieren, gemeinsame Hobbys und Urlaube? Oder ist echte Freundschaft mehr als das? Vielleicht ein wenig wie beim Eheversprechen, also wie in guten als auch in schlechten Tagen?

Wenn es Ihnen selbst schlecht geht und Sie nicht in der Lage sind, um Hilfe zu bitten oder sich Ihren Freunden anzuvertrauen: Wäre es Ihnen vielleicht eine große Erleichterung, wenn mal einer der Freunde nachfragt? Sich engagiert zeigt und Sie ehrlich darauf anspricht, dass er sich Sorgen macht um Sie? Wenn Sie nicht reden wollen, können Sie das dann ja immer noch sagen. Aber er hat gefragt! Jemand hat es bemerkt, dass es Ihnen nicht gut geht und er hat Ihnen seine Hilfe angeboten.

Das ist eine Menge, nicht wahr?

Nachzufragen oder seine Hilfe anzubieten hat nichts mit Aufdringlichkeit zu tun. Wenn Ihr Freund dann Nein sagt, ist das in Ordnung und Sie können sich zurückziehen.

Sie waren aber achtsam, wach und engagiert und allein das zählt.

Und wenn Sie unsicher sind, wenn Sie nicht wissen, ob Ihr Freund Ihre Frage überhaupt will oder wie Sie ihm helfen können: Sagen Sie genau dies! Sagen Sie ehrlich mit all Ihrer Unsicherheit: „Ich weiß nicht, ob ich helfen kann und ob du meine Hilfe willst – ich sehe aber, dir geht es nicht gut und ich biete dir an: Ich bin da, wenn du mich brauchst!"

Wenn Sie also, um wieder zum Thema Perfektionismus zurückzukommen, das Gefühl haben, ein Freund oder eine Freundin übernimmt sich durch seinen/ihren Anspruch an sich selbst, möchte überall 150 Prozent abliefern, möchte stets allen gerecht werden: Dann machen Sie bitte den Mund auf und geben Ihre Bedenken preis.

Wenn Ihr Freund dann nichts ändern will, keine Hilfe annehmen will oder kann – dann ist es seine Entscheidung, dann sind Sie aus dem Spiel. Aber Sie können in besagten Spiegel schauen und müssen sich später nicht vorwerfen, nichts getan zu haben.

Freunde dürfen auch unbequem sein

Eine sehr gute Freundin von mir macht immer den Mund auf, stupst mich immer wieder mal mit der Nase auf Themen, die mir unangenehm sind, die ich mir eigentlich nicht näher anschauen möchte. Sie ist dann sehr lästig – ich habe sie auch mehr als einmal dafür wirklich verflucht – und trotzdem bzw. gerade deswegen gehört sie zu den Menschen, die mir sehr, sehr nahe stehen. Gerade weil sie nicht wegschaut, gerade weil sie sich einmischt und in Kauf nimmt, dass ich sie zum Teufel wünsche in diesem Moment. Sie sagt: „Es strengt mich viel mehr an wegzublicken und nichts zu sagen, als meinen Mund aufzumachen!"

Ich schätze das sehr und sehe genau dies auch als echten Freundschaftsdienst an. Also: Bitte sehen Sie nicht weg – schauen Sie hin und tun Sie was.

Meine Verantwortung als Vater/Mutter

Die Verantwortung als Eltern ist wohl neben der für sich selbst die größte, die Sie haben können – sicher eine deutlich größere als die für Kollegen und Freunde. Das, was Ihre Kinder von Ihnen bekommen, setzt sich ja zusammen aus dem, was Sie ihnen vorleben und dem, was Sie ihnen bewusst an Erziehung mitgeben können. Wie könnte also das aussehen, was Sie ihnen zum Thema Perfektionismus mitgeben?

Sie haben sich jetzt, wenn Sie dieses Buch gelesen haben, etliche Gedanken zu Ihrem eigenen Perfektionismus und auch zu dessen Wurzeln gemacht. Hier haben Sie schon mal einen guten Anhaltspunkt, was die Entstehung von ungesundem Perfektionismus bei Ihnen selbst begründet und forciert hat. Vielleicht ein Vater, für den immer nur Leistung zählte und der erst als Belohnung dafür geliebt und Anerkennung gezeigt hat. Vielleicht eine Mutter, die stets darauf bedacht war, es allen recht zu machen, Everybody's Darling zu sein und nie „Nein" zu sagen.

Es gibt in der Psychologie den Satz: Wenn wir uns mit unserer Geschichte nicht bewusst auseinandersetzen, haben wir nur zwei Möglichkeiten, unser Leben zu gestalten: Entweder wir re-inszenieren (machen es also genauso wie unsere Eltern) oder wir kompensieren (machen also genau das Gegenteil). Erst nach bewusster Auseinandersetzung und guter Aufarbeitung stehen uns alle Facetten, alle Farben dazwischen zur Verfügung.

Im besten Fall ist das bei Ihnen so – Sie haben ein großes Spektrum zur Verfügung, aus dem Sie schöpfen können, um wiederum Ihre eigenen Kinder zu erziehen. Dies ist kein Erziehungsratgeber, keine Sorge. Aber vielleicht haben Sie Lust dazu, sich ein paar Gedanken zu machen über diese Impulse:

Übung: Perfektionismus in Ihrem Elternhaus

Wenn Sie an Ihre eigene Kindheit zurückdenken:

- *Im Nachhinein betrachtet – was hätten Ihre Eltern anders machen können, was hätten Sie sich gewünscht? Wodurch wäre Ihnen der Umgang mit Leistung und Ehrgeiz vielleicht leichter gefallen?*
- *Wie hätte Ihnen Lernen in der Schule mehr Spaß machen können?*
- *Wo hätten Sie sich mehr, wo weniger Förderung gewünscht?*
- *Wie sind Ihre Eltern mit Ihren Ängsten umgegangen bzw. wie hätten Sie es sich gewünscht?*

Und jetzt schauen Sie sich Ihre eigenen Kinder an und machen sich ein paar Gedanken dazu:

Übung: Perfektionismus in der Erziehung Ihrer Kinder

- *Wie würde eine optimale Förderung Ihrer Kinder aussehen? Versuchen Sie einmal, das möglichst konkret zu erklären.*
- *Seien Sie ganz ehrlich: Ist es Ihr Ehrgeiz oder ist es der Ehrgeiz Ihres Kindes, der Ihr Kind anspornt? Kommt z. B.*

der Wunsch, Klavier spielen zu können, wirklich von Ihrem Kind oder ist das Ihr eigener unerfüllter Kindheitstraum? Oder: Hat Ihr Kind wirklich so große Lust auf richtig gute Leistungen in der Schule – oder wollen Sie selbst, dass Ihr Kind es mal besser hat als Sie? Auch Letzteres ist durchaus in Ordnung, solange Sie dabei das vielleicht ganz andere Wesen Ihres Kindes mit seinen Eigenarten und Bedürfnissen nicht aus den Augen verlieren.

- *Wo liegt für Sie die Grenze zwischen Fordern und Überfordern? Versuchen Sie wieder, möglichst konkret zu werden! (Woran also würde ich, wenn ich Mäuschen spielen würde, merken, dass Sie Ihr Kind überfordern?)*

- *Welche Werte sind Ihnen wichtig und wie vermitteln Sie diese Ihrem Kind? Was zählt für Sie im Leben am meisten?*

- *Wenn Sie merken, dass Ihr Kind sich durch einen zu hohen Anspruch an sich selbst überfordert – wie reagieren Sie, was sagen Sie ihm?*

- *Wenn Sie stattdessen ein Kind haben, das eher keine Lust hat, zur Faulheit neigt oder wenig interessiert ist: Wie stacheln Sie seinen Ehrgeiz an?*

- *Wie wollen Sie gewährleisten, dass Ihr Kind merkt, dass Sie es „einfach so" sehr lieben – ohne dass es Leistung zeigen muss? Woran merkt Ihr Kind das?*

- *Wenn Ihr Kind einmal erwachsen ist: Was soll es von seiner Kindheit erzählen, was soll es davon berichten, wie es von Ihnen gefördert wurde?*

Bitte versuchen Sie nie, nie, niemals, perfekte Eltern zu sein! Das **kann** *nur schiefgehen und ist unglaublich anstrengend. Tun Sie Ihr Bestes, seien Sie gute Eltern – das ist mehr als genug.*

*Holen Sie sich dazu Impulse von außen, von Vorbildern, aus Gesprächen oder aus Büchern. Aber entscheiden Sie allein, was gut ist für Ihr Kind und was Sie ihm mit auf den Weg geben wollen. Achten Sie immer wieder ganz bewusst darauf, **nicht** perfekt zu sein, Ihre Grenzen zu akzeptieren. Perfektion verhindert oft die echte Weiterentwicklung, wie auch Julia Cameron in diesem interessanten Gedanken anmerkt:*

Julia Cameron in ihrem Buch „Der Weg des Künstlers"

„Perfektionismus ist die Weigerung, sich die Erlaubnis zu geben, sich vorwärts zu bewegen."

Für mich persönlich sind gute Eltern diejenigen, die …

- … sich immer mal wieder hinterfragen, sich von außen anschauen und die selbstbewusst zu ihren Unsicherheiten und Fragen stehen.

- … möglichst selten von sich aufs Kind schließen. Es geht nicht darum, was Sie als Kind wollten/brauchten, sondern darum, was Ihr Kind braucht und will.

- … ihr Kind enorm gut beobachten können, achtsam, absichtslos und konzentriert. Wie ist es, was braucht es, was will es, wo können Eltern unterstützen?

- … kein Wunderkind heranzüchten wollen, die es mit ihrem Ehrgeiz niemals übertreiben, weil sie stets im Blick haben, ob es ihrem Kind noch guttut.

- … Prinzipien und klare Ansichten haben, jedoch nie zum Prinzipienreiter werden – Ausnahmen sind also erlaubt und menschlich und manchmal ist es auch wichtig, mal Fünfe gerade sein zu lassen.

Wenn Sie zu diesen Thema mehr lesen möchten, empfehle ich Ihnen vor allem die Bücher von dem bereits erwähnten wunderbaren dänischen Familientherapeuten Jesper Juul – ein wahres Vergnügen, wie er denkt und schreibt und ausbildet!

Ausblick in eine entspannte Unvoll-kommenheit

Jetzt haben wir also gemeinsam den Perfektionismus von allen Seiten betrachtet und bearbeitet.

Was bleibt nun noch zu tun?

Nun, ganz klar: Mir bleibt, Ihnen jetzt endgültig viel Lust zu machen auf die Unvollkommenheit, auf das Mensch-Sein, auf die Leichtigkeit des Nicht-immer-Müssens!

Laden Sie die Unvollkommenheit jetzt und hier und heute endgültig aufs Herzlichste und unwiderruflich in Ihr Leben ein – ich verspreche Ihnen: Es wird bunter, es wird leichter, es wird fröhlicher und gesünder!

Unvollkommenheit üben

Sollte es Ihnen noch ein klein wenig schwerfallen, die Un-vollkommenheit entspannt zu sehen, rate ich Ihnen: Üben, üben, üben!

Ja! Üben Sie die Unvollkommenheit und stellen Sie erstaunt immer wieder fest, dass die Erde sich weiterdreht und nichts Wesentliches passiert.

Üben können Sie auf unterschiedliche Art und Weise:

Übung: Erfolgstagebuch

Führen Sie ein Erfolgstagebuch – so können Sie Ihren Fokus ändern! Schauen Sie nicht ständig darauf, was Sie noch besser machen könnten, sondern konzentrieren Sie sich mal eine Zeitlang auf all das, was gut läuft, was Sie richtig klasse gemacht haben.

Führen Sie dazu mindestens 21 Tage lang am Stück (so lange braucht das Unterbewusstsein mindestens, um sich auf ein neues Verhalten nachhaltig einzustellen) ein Erfolgstagebuch! Kaufen Sie sich also ein schönes Büchlein und schreiben Sie dort jeden Abend die Erfolge des vergangenen Tages hinein! Jeden Abend! Dadurch lernen Sie auch, die Messlatte auf eine verträgliche Höhe zu hängen.

Ein Erfolg kann z. B. schon sein, dass Sie die besonders schlecht gelaunte Verkäuferin zum Lächeln gebracht haben.

So kommen Sie aus dem Mangeldenken („Was kann ich alles nicht?") raus in ein Fülledenken („Jeden Tag mindestens ein Erfolg!").

Achtung – folgende Übung ist für Fortgeschrittene! Das ist die Kür nach der Pflicht. Aber ich bin sehr sicher: Sie schaffen das! Also:

Übung: Fehler machen

Manchen Sie immer öfter, immer lieber und immer gelassener Fehler! Ja! Machen Sie Fehler! Das muss nichts Weltbewegendes sein, fangen Sie mit Kleinigkeiten an:

- *Bügeln Sie Ihre Jeans nicht.*

- *Ziehen Sie zwei verschiedene Socken an (fangen Sie mit gleichfarbigen an und steigern sich dann bis zu blau und rot!)*

- *Verpassen Sie Ihre übliche morgendliche U-Bahn – fahren Sie eine später.*

- *Fragen Sie nach dem Weg, auch wenn Sie ihn kennen.*

- *Gehen Sie einmal völlig ungeschminkt zum Bäcker – auch wenn Sie das noch nie gemacht haben!*
- *Wählen Sie eine x-beliebige Telefonnummer und entschuldigen sich dann mit „Tut mir leid, falsch gewählt!".*
- *Kochen Sie endlich mal nicht jeden Abend für Ihren Liebsten, sondern bestellen Sie Sushi oder Pizza.*
- *Bitten Sie für den nächsten Artikel um einen Tag Aufschub für die Abgabe.*
- *Kommen Sie endlich mal zu einer Verabredung zu spät – und seien es nur fünf Minuten. Bitte! Bleiben Sie im Auto sitzen und starren meinetwegen auf die Uhr – aber bleiben Sie sitzen!*

Werden Sie endlich normal!

Ja, richtig gelesen! Normal sein ist normal – und kein doofes Mittelmaß!

Zu oft wird uns suggeriert, dass nur schneller, höher, weiter oder Außergewöhnlich-Sein zählt. Dass wir so toll, hipp, cool – so perfekt sein können!

Stimmt. Können wir. Sollten wir auch öfter mal. Um uns aus der einheitsgrauen Masse hervorzutun, weil wir das können. Weil wir wirklich Außergewöhnliches zu bieten haben und das dann selbstbewusst zeigen können. Weil wir uns trauen sollten, zu sagen und zu zeigen: „Ich kann das. Schaut her. Ich bin stolz darauf." Das mache ich auch hin und wieder – ich nenne mich zum Beispiel ausgesprochen gerne „Bestseller Autorin" – weil ich es bin und außerdem saustolz darauf.

So. Und jetzt kommt mein dickes fettes Aber. Was, zum Teufel, ist so schlimm an „normal"?

> *Als ich ein Teenager war, meinte mein Vater einmal süffisant, dass ich ja wohl nie wirklich eine große Steptänzerin werden würde, wenn ich nur einmal die Woche zum Üben ginge. Ich wollte nie Weltklassetänzerin werden – ich hatte einfach ein ganz normales Interesse an Steptanz und ging (immerhin über zehn Jahre) einmal die Woche in den Kurs. Heute weiß ich, dass das ganz normal war.*

Normal kann auch sehr entspannend sein. Ich brilliere vielleicht nicht damit, ich steche nicht leuchtend hervor – aber ich gehöre dazu. Zu den vielen, die als Hobby gerne Steptanz ausgeübt haben. Die nur zweimal im Jahr, dann aber sehr gerne in Ausstellungen gehen. Die einfach mal nur ein Käsebrot essen.

Ich kann zwar sicher überdurchschnittlich gut Bücher schreiben, coachen, Vorträge halten und kochen (und ich bin mit 1,83 m sicher außergewöhnlich groß für eine Frau) – aber ich bin völlig normal, was Klamottengeschmack angeht oder Vorlieben in der Musik, ich bin normal sportlich und normal fremdsprachenbegabt. Und ausgesprochen mies ist mein mathematisches Verständnis und mit Disziplin und Struktur hab ich es auch nicht so.

Außergewöhnlichkeit, Un-normal-Sein kann auch elendig anstrengend sein, kann großen Druck aufbauen, weil ich ständig etwas dafür tun muss.

Die ständige Hetze und Suche danach kostet viel Kraft, lässt Sie rast- und ruhelos werden, wenn es zu viel ist.

Hin und wieder – kein Problem. Aber nicht als Lebensmotto, bitte!

Außerdem: Außergewöhnlich sind wir sowieso alle – weil wir im wahrsten Sinne des Wortes einzigartig sind. Jeden von uns gibt es nur einmal. Jeder von uns hat seine ganz eigene Persönlichkeit mit seinen Stärken und Schwächen, mit seinen Sonnen- und Schattenseiten, mit Großartigem, Normalem, Schönem und nicht so Schönem, Interessantem und Langweiligem.

Hermann Hesse sagte einmal:

Hermann Hesse (1877–1862), deutscher Schriftsteller in „Augenblicke"

Jeder Mensch ist nicht nur er selbst,
er ist auch der einmalige, ganz besondere,
in jedem Fall wichtige und merkwürdige Punkt,
wo die Erscheinungen der Welt sich kreuzen,
nur einmal, so und nie wieder!

Seien Sie normal, seien Sie unvollkommen, seien Sie Mensch, seien Sie großartig und außergewöhnlich und haben Sie Freude daran!

Herzlichst, Ihre Bettina Stackelberg

Gelassenheit und Selbstbewusstsein – ein Exkurs

Ein Interview von Christian Bremer, Speaker und Autor beim C.H. Beck Verlag

Mein geschätzter Kollege Christian Bremer sorgt seit mehr als 20 Jahren mit seinen Erlebnisvorträgen und lösungsorientierten Praxisseminaren für mehr souveräne Gelassenheit. Die Angebote tragen nachweislich zur Reduzierung von Stress, Ärger und Burn-out bei. Er weiß, dass Erfolg offensive Gelassenheit braucht.

Sein aktuelles Buch trägt den Titel „Gelassenheit gewinnt" und ist im C.H. Beck-Verlag erschienen. Die weiteren Bücher haben die Titel „Mit Gelassenheit zum Erfolg" und „Prinzip Achtsamkeit", erschienen im gleichen Verlag.

Er unterstützt die Zuhörer und Seminarteilnehmer mit einem professionellen Mix aus Erfahrung, Praxiswissen und Humor. Sinn seiner Arbeit: praxistaugliche Tipps für mehr souveräne Gelassenheit im Berufs- und Privatleben sowie zur langfristigen Leistungsfähigkeit.

Im November 2016 führte er mit mir dieses Interview für seinen Blog bzw. Newsletter. Ich finde den Zusammenhang zwischen „Gut reicht völlig!", Gelassenheit und Selbstbewusstsein so offensichtlich, dass ich mit seiner Genehmigung das Interview von Christian Bremer hier bereit stelle:

Was verstehen Sie unter Gelassenheit?

Gelassenheit ist für mich mit Abstand der größte Vorteil des Älterwerdens!

Sicher, mit 20 war ich hübscher, knackiger und blonder als heute. Heute, mit knapp 52, bin ich schöner, weiblicher und silbrig – und vor allem viel gelassener und das ist großartig. Gelassenheit ist ausatmen, Gelassenheit bedeutet, mich lächelnd und entspannt zurück zu lehnen und mir und der Welt nicht mehr gar so viel beweisen zu müssen. Gelassenheit ist los-lassen können statt krampfhaft festzuhalten. Gelassenheit ist, es sein lassen zu können im doppelten Sinne. Gelassenheit ist ruhig, spielerisch, weich und beweglich. Ich sag ja: Gelassenheit ist großartig!

Wo sehen Sie den Zusammenhang zwischen Gelassenheit und Selbstbewusstsein?

Gelassenheit und Selbstbewusstsein bedingen sich gegenseitig! Wenn ich mir meiner selbst bewusst bin, kann ich gelassener sein – ich muss nicht jeder Mode hinterher rennen, muss nicht mehr auf Teufel komm raus um Zustimmung und Anerkennung buhlen – ich weiß nämlich selbst gut genug, was ich kann und will. Wenn mich also so mancher doof findet, so ist das allenfalls schade, betrübt mich aber nicht wirklich. Ich bin also selbstbewusst genug, um gelassen mit Neidern, Miesepetern und anderen unangenehmen Zeitgenossen umgehen zu können.

Was haben Menschen davon, selbstbewusster zu sein?

Wenn ich selbstbewusst bin, bin ich freier und unabhängiger vom Urteil anderer. Wenn ich selbstbewusst bin und um meine Stärken weiß, kann ich diese Stärken gezielt einsetzen und damit auf mich aufmerksam machen – so werde ich erfolgreicher und zufriedener.

Wenn Mitarbeiter in Unternehmen selbstbewusst sind, agieren sie eigenverantwortlich und unternehmerisch, sie denken mit und sind kreativ. Und sie zeigen ihre Stärken und reden darüber – so weiß das Unternehmen, welches Potential und Wissen es hat.

Selbstbewusste Führungskräfte sind gute Führungskräfte. Sie missbrauchen ihre Macht nicht, fördern ihre Mitarbeiter, weil sie durchaus auf Augenhöhe andere Fachleute neben sich ertragen können – und delegieren Dinge, die andere besser können oder um die sie sich nicht zwingend selbst kümmern müssen. Selbstbewusste Chefs können also loslassen, sind selbst-reflektiert und lernen gerne stets dazu.

Und selbstbewusste Unternehmen müssen nicht mehr jeden brutalen Wettbewerb mitmachen, müssen nicht um jeden Preis gewinnen und ständig weiter wachsen. Selbstbewusste Unternehmen wissen um ihre Stärke, betreiben keine Nabelschau und können sich somit voll und ganz auf den Kunden konzentrieren.

Welche drei konkreten Möglichkeiten gibt es, um noch selbstbewusster zu werden?/Was können Menschen auf einer täglichen Ebene tun, um noch selbstbewusster zu werden?

Erster Tipp: Setzen Sie sich mal in Ruhe hin und schreiben 20 Ihrer Stärken auf. 20! Nicht drei, nicht 10 – nein, 20! Bei den ersten fällt es uns noch leicht, weil wir da meistens allgemeine Blabla-Stärken aufzählen wie „Ich bin offen, kann gut zuhören, bin herzlich…". Bei 20 müssen wir schon ein wenig tiefer forschen. Ein Geschäftsführer kam letztens im Coaching recht schnell auf 11 – und dann brauchte er noch

2 Tassen Kaffee von mir, um die restlichen 9 zu finden. Und dann war er ziemlich überrascht und strahlte.

Zweiter Tipp: Sagen Sie viel häufiger und vehementer „Nein!".

Mal ehrlich: Wie oft sagen wir spontan „Ja, klar, kein Problem!", wenn wir eigentlich „Nein. Nein und nochmals Nein!" denken und sagen wollen? Selbstbewusstsein bedeutet auch, für seine Bedürfnisse einzustehen. Und wenn ich grad selbst den Schreibtisch voll hab mit Arbeit, kann ich eben nicht auch noch die Arbeit des Kollegen übernehmen. Punkt. Oder wenn ich seit Wochen mich auf dieses Wochenende freue, wo ich endlich mal wieder in die Berge möchte – dann kann ich eben nicht beim Umzug der Schwester helfen. Punkt. Auch wenn ich normalerweise gerne helfe und oft „Ja!" sage.

Wenn Ihnen das Nein-Sagen schwer fällt – fangen Sie in Bereichen zum Üben an, wo noch nicht so schrecklich viel schief gehen kann, z. B. bei Ihrer Wurst Verkäuferin. Ja, ganz richtig gelesen – beim nächsten Einkauf, wenn die Verkäuferin wie fast immer beim Schinken ein fröhliches „Darfs ein bisschen mehr sein?" flötet: Lächeln Sie sie genauso fröhlich an und sagen selbstbewusst „Nein, danke – ich hätte gerne 100 Gramm Parmaschinken."

Dritter Tipp: Beherzigen Sie immer öfter ein entschiedenes „Gut reicht völlig!" und verabschieden Sie sich von zu großem Perfektionismus. Weil nämlich Perfektionismus sehr anstrengend ist und zudem langsam und unkreativ macht! Selbstbewusste Menschen wissen um ihre Leistung und können gelassen (!!) die Arbeit präsentieren, wenn sie gut ist – sie muss nicht perfekt sein.

Entscheiden Sie schneller als bisher, wann es gut ist. Entscheiden Sie sich! Das ist der Schlüssel.

Und das können Sie üben, jeden Tag: Überlegen Sie nicht mehr 40, sondern nur noch 5 Minuten morgens vor dem Kleiderschrank, was Sie anziehen wollen. Setzen Sie sich eine Nachdenk-Frist von 2 Tagen bei der Entscheidung für den nächsten Sommerurlaub. Oder: Laden Sie Ihre Freunde mal nicht, wie üblich, zum erlesenen 5-Gänge-Dinner ein, sondern zu einem großen Topf Spaghetti mit Tomatensauce – Sie werden sehen: Es wird ein genauso fröhlicher Abend und Sie haben deutlich weniger Stress im Vorfeld.

Abschließend: welchen Appell wollen Sie meinen Leser/innen noch mit auf den weiteren Lebensweg geben?

Das ist eine schöne Frage!

Und meine freche Antwort darauf: Seien Sie selbstbewusst, hören Sie weniger auf Appelle.

Tja, das sagt nun die Frau, die 5 Ratgeber geschrieben hat! Die finde ich natürlich immer noch großartig – aber es sind keine Rezeptbücher, sondern Anreger eher zum-in-sich-hineinhören, Impulse zum Nachdenken und Handeln.

Appelle haben für mich häufig den Beigeschmack von „10 goldene Regeln – so musst Du es machen und dann bist Du selbstbewusst/erfolgreich/glücklich." Das Leben funktioniert aber nicht nach Rezept! Außerdem gebe ich bei Rezepten meine Eigenverantwortung ab: „Blödes Rezept, habs befolgt und ich bin immer noch nicht erfolgreich/selbstbewusst/glücklich." Ist dann der Rezept-Schreiberling schuld, oder hab ich dann einfach noch nicht genug Rezeptbücher gelesen?

Nein! Hören Sie weniger auf Appelle und Ratschläge, vertrauen Sie viel mehr Ihrer inneren Stimme (Intuition, Bauchgefühl, Klugheit – setzen Sie den Begriff ein, der für Sie passt!). Sie wissen am allerbesten, was gut für Sie ist, zu was Sie imstande sind, was Sie können! Ich als Coach und Trainerin gehe immer grundsätzlich davon aus – mein Job besteht lediglich darin, Ihnen das (wieder) klar zu machen und Sie dabei zu unterstützen, das auszubuddeln.

Die Autorin

Bettina Stackelberg, die Frau fürs Selbstbewusstsein®, unterstützt als Coach mit Leidenschaft, Empathie und Know-how Menschen dabei, selbstbewusster zu werden. Sie sieht sich als Begleiterin, die ihre Klienten dazu ermutigt, Zugang zu ihren Ressourcen zu finden, Neues zu entdecken und mit Bewährtem zu verbinden.

Die studierte Germanistin und leidenschaftliche Münchnerin ist außerdem seit über 20 Jahren Trainerin in der freien Wirtschaft (MAN, BMW, Siemens u. a.) und hält Vorträge auf bundesweiten Kongressen. Und weil sie auch mal allein sein muss, schreibt sie gerne Bücher. Sie hat viel zu sagen, weil sie aus eigener Lebenserfahrung spricht und deshalb viele Ängste und Zweifel selbst kennt. Engagiert und neugierig auf Menschen, lebt sie ihre Berufung. Weitere Infos finden Sie unter www.bettinastackelberg.de und auf ihrem Blog www.bettinastackelberg.de/blog.

Impressum:
Verlag C. H. Beck im Internet: www.beck.de
ISBN: 978-3-406-70911-1
© 2017 Verlag C. H. Beck oHG
Wilhelmstraße 9, 80801 München
Satz: Fotosatz Buck, 84036 Kumhausen
Druck und Bindung: Beltz Bad Langensalza GmbH
Neustädter Str. 1–4, 99947 Bad Langensalza
Umschlaggestaltung: Ralph Zimmermann – Bureau Parapluie
Umschlagbild: © Alvaro German Vilela – fotolia.com
Gedruckt auf säurefreiem, alterungsbeständigem Papier
(hergestellt aus chlorfrei gebleichtem Zellstoff)